Los Estados Unidos y la PROMESA para Puerto Rico

Los Estados Unidos y la PROMESA para Puerto Rico

UN ANÁLISIS DE LA LEY PARA LA
SUPERVISIÓN, ADMINISTRACIÓN Y
ESTABILIDAD ECONÓMICA DE PUERTO RICO

María de los Angeles Trigo

América Libros

San Juan, Puerto Rico

Para permisos e información:
América en Libros
info@americaenlibros.com

Originalmente publicado en agosto, 2016 en inglés bajo el título *The United States and the PROMESA to Puerto Rico: an analysis of the Puerto Rico Oversight, Management, and Economic Stability Act.*

Primera edición en español
Formato electrónico: Diciembre, 2017
Impreso: Enero, 2018
ISBN 978-0-9998088-0-1

La cita en las páginas 110-111 se publica con permiso de Harvard Law Review transmitido a través de Copyright Clearance Center, Inc.

Traducción por Anabel Hernández, ahgtranslation@gmail.com
Diagramación del libro ©2013 BookDesignTemplates.com
Diseño de portada por Creativindie, www.creativindiecovers.com
Imagen usada mediante licencia de Shutterstock.com
www.shutterstock.com/g/xtock

Tabla de contenido

Para mis padres.

*Por creer que "¿por qué?" siempre es una pregunta apropiada,
y que un poco de escepticismo no viene mal.*

*Sabemos que nadie se apodera del poder
con la intención de dejarlo.
El poder no es un medio, sino un fin en sí mismo.*

—GEORGE ORWELL
1984

Prólogo

PUERTO RICO Y LOS ESTADOS UNIDOS tienen una relación difícil de definir y clasificar, especialmente a la luz del derecho internacional.

Puerto Rico fue cedido por España a los Estados Unidos al finalizar la Guerra Hispanoamericana de 1898. Estados Unidos había estado muy interesado en tomar control de Puerto Rico ya que sus fuerzas armadas, particularmente la Marina de Guerra, consideraban a Puerto Rico como una pieza clave en la nueva estrategia para expandir su poderío en el mundo.

Desde mediados de los 1800, EE.UU. había identificado los beneficios militares de controlar a Puerto Rico: un país igualmente distante de América del Norte y América del Sur, y el primer territorio en el continente americano al que se llegaba navegando de Europa hacia el oeste a través del Océano Atlántico Norte. Controlar a Puerto Rico representaba una ventaja militar, tanto ofensiva como defensiva, y comercial incomparable para EE.UU., un país nuevo que se consideraba a sí mismo como el heredero de los imperios europeos.

En el Tratado de París de 1898, España incluyó disposiciones sobre el tratamiento que los habitantes de Puerto Rico recibirían de parte de su nueva metrópolis —en caso de que hubieran nacido en España—. Sin embargo, no reservó derecho alguno para los habitantes de Puerto Rico nacidos en Puerto Rico: "Los derechos civiles y la condición política de los habitantes naturales de los territorios aquí cedidos a los Estados Unidos se determinarán por el Congreso [de los Estados Unidos]".[1]

Durante más de un siglo, los puertorriqueños hemos estado a la merced de las estrategias militares y comerciales de los Estados Unidos. Estas han sido apoyadas por las interpretaciones especiales y expansivas que el Tribunal Supremo de Estados Unidos ha hecho de la Cláusula Territorial de la Constitución de EE.UU., las cuales en efecto han concedido al Congreso de EE.UU. poderes plenarios sobre Puerto Rico, que dicho cuerpo ejerce a través de los comités de Recursos Naturales de la Cámara de Representantes y de Energía y Recursos Naturales del Senado.

Tan reciente como hace apenas un mes, estas interpretaciones basadas en ideas de superioridad racial y aspiraciones imperialistas del siglo 19 fueron confirmadas por el Tribunal Supremo de EE.UU.

Autonomía, autogobierno, soberanía y justicia pueden ser términos muy flexibles.

Soy puertorriqueña. He vivido en Puerto Rico toda mi vida. Y, desde que EE.UU. invadió a Puerto Rico en el 1898, los puertorriqueños hemos estado sujetos a las decisiones y caprichos del Congreso de EE.UU. Las interpretaciones legales de la Cláusula Territorial de la Constitución de EE.UU. afectan mis derechos y mi vida de formas que las personas que viven en Estados Unidos no pueden comprender.

¿Cómo van a poder? Puerto Rico está ausente del discurso público en Estados Unidos. Está igualmente ausente de su discurso político. Puerto Rico brilla por su ausencia en los medios principales estadounidenses, al igual que en la mayoría de los medios alternativos.

Esto hace que sea fácil manipular a la población estadounidense cuando se discute el tema de Puerto Rico.

Sobre esta relación se han escrito muy pocos libros dirigidos al lector que quisiera saber más sobre los lazos que vinculan a Puerto Rico con EE.UU. sin tener que navegar por tratados académicos, volúmenes históricos o análisis legales.

Pretendo llenar ese vacío con este libro en lo que respecta a la respuesta del Congreso de EE.UU. a la crisis económica de Puerto Rico. Una respuesta que el Congreso trató de diseñar de cara a las presiones electorales, no solo de los electores, sino también de parte de los ricos e influyentes donantes de las campañas políticas.

Creo que los análisis sobre Puerto Rico deben tomar en consideración el trasfondo histórico de su desarrollo constitucional, así como su relación con Estados Unidos. El marco legal, las limitaciones constitucionales y las realidades y limitaciones políticas de Puerto Rico son singulares —aun cuando algunos elementos parecen similares a los de estados soberanos o estados de EE.UU—. Este será el primero de una serie de libros en los que discutiré diferentes aspectos de esta relación metrópolis-colonia que aún prevalece en el siglo 21, desde la perspectiva de alguien cuya vida está sujeta a poderes plenarios foráneos que debieron haber sido abolidos hace mucho tiempo.

Quiero aclarar que mi objetivo es proveerles consideraciones e información basadas en la historia de Puerto Rico, y en su estatus legal y político, para que puedan comprender mejor las estructuras fiscales y legales de Puerto Rico, así como sus limitaciones económicas.

Pero, no pretendo ser objetiva. Soy una puertorriqueña y estoy escribiendo sobre Puerto Rico. Mis opiniones están debidamente identificadas; pero la investigación no disimula la historia, solo pone a los actores y a las acciones de hoy en su debido contexto. Espero que encuentren esta información útil, interesante y reveladora.

Gracias por su interés en esta lectura.

San Juan, Puerto Rico
Julio, 2016

Nota de la autora

HABÍA TERMINADO DE ANALIZAR el proyecto en el capítulo 8 del borrador para este libro y estaba convencida de que moriría por falta de atención en el Congreso de EE.UU. Sin embargo, el Congreso me sorprendió el 18 de mayo de 2016 con una nueva versión de la Ley para la Supervisión, Administración y Estabilidad Económica de Puerto Rico (PROMESA, por sus siglas en inglés).

Por esta razón es que en el capítulo 8 verán un análisis desenmascarando el argumento de precedente que el Congreso de EE.UU. finalmente descartó con bastante contundencia en el resumen de la versión del proyecto del 18 de mayo de 2016. Las razones que dan hacen eco de mi análisis.

Como parecía que el proyecto pasaría por el Congreso, continué actualizando el análisis de la misma manera en que había escrito la Primera y la Segunda Parte del libro, a la par con los nuevos cambios, para poder terminar con un libro que analizara la tortuosa travesía del proyecto por el Congreso.

Decidí publicarlo tras la aprobación del proyecto el 30 de junio de 2016, cuando se convirtió en la Ley Pública 114-187.

Algunos capítulos en la Primera y la Segunda Parte originalmente se publicaron en LinkedIn durante los meses de marzo y abril de 2016, y se editaron y expandieron para publicarse en este libro.

Accedí los enlaces incluidos en este libro por última vez el 31 de julio de 2016.

[0]

Introducción

PUERTO RICO ESTÁ SUMIDO en una crisis económica, fiscal y financiera no vista desde principios del siglo 20. Su economía ha estado en contracción por más de 10 años, la población ha disminuido por primera vez en su historia, tiene altos niveles de desempleo, la deuda pública ha aumentado exponencialmente, los ingresos del gobierno han disminuido, ha habido cierres de negocios y los empleos continúan desapareciendo.

El gobierno de Puerto Rico ha estado aumentando las contribuciones para tratar de generar más ingresos para el erario mientras implanta recortes en sus gastos.

¿Cómo llegamos a este punto?

Puerto Rico no tiene una economía diversificada, en parte porque durante décadas ha concentrado sus esfuerzos en atraer capital extranjero, mayormente mediante incentivos contributivos, para establecer negocios en Puerto Rico. La estrategia funcionó mientras la fuerza laboral de Puerto Rico era relativamente poco educada y los costos de mano de obra eran bajos. Muchas empresas estadounidenses llegaron a Puerto Rico por la mano de obra barata y el libre comercio con EE.UU. El crecimiento económico de Puerto Rico también estuvo basado en las enormes inversiones militares que el gobierno de Estados Unidos hizo en la isla en el periodo previo a la Segunda Guerra Mundial, que incluyeron mejoras en infraestructura, ya que Puerto Rico era un bastión importante en la estrategia de guerra de los aliados.

Durante la década de 1970, en medio de la crisis del petróleo, la economía de Puerto Rico comenzó a flaquear y el malestar social aumentó, particularmente el resentimiento contra EE.UU. y su presencia en Puerto Rico. Estados Unidos respondió aumentando su represión contra el movimiento independentista, pero también mediante la aprobación de un programa de créditos contributivos que exoneraba de pagar contribuciones corporativas federales el ingreso que compañías estadounidenses generaban por operar en Puerto Rico y en otras "posesiones".

La Sección 936 del Código Federal de Rentas Internas creó un auge: surgieron muchos trabajos bien remunerados, entró más dinero a la economía y a las arcas del gobierno, y aumentaron los niveles de depósitos bancarios que alimentaban las concesiones de créditos. Pero todo estaba basado en los créditos contributivos federales y el gobierno de Puerto Rico no hizo ninguna planificación a largo plazo, ni implantó iniciativas de desarrollo económico o cambios estructurales, mientras dicha disposición estuvo vigente.

A la larga, EE.UU. adoptó la política de promover acuerdos internacionales de libre comercio que no solo eliminaron la ventaja competitiva que Puerto Rico tenía, sino que también aumentaron sus desventajas, puesto que Puerto Rico todavía tenía que cumplir con todas las leyes y reglamentaciones federales que aumentaban los costos de hacer negocio en Puerto Rico.

Luego, EE.UU. firmó el acuerdo sobre subsidios de la Organización Mundial de Comercio, que prohibía los programas de créditos contributivos como la Sección 936.

En ninguno de estos casos EE.UU. protegió los derechos de Puerto Rico, ni estudió cómo su economía se vería afectada por los tratados. Tampoco ha autorizado a Puerto Rico a utilizar herramientas alternas para compensar por las ventajas que ha estado perdiendo.

Al día de hoy, EE.UU. negocia de manera secreta tratados comerciales con Asia y Europa, y Puerto Rico no puede planificar para afrontar los efectos que esos tratados tendrán sobre su estrategia de desarrollo económico.

La economía mundial está cada vez más interconectada y Puerto Rico permanece al margen. Muchas limitaciones vienen de EE.UU. Sin embargo, otras emanan de la inhabilidad de Puerto Rico para planificar su futuro y luchar por su derecho a ser parte de la comunidad de naciones.

Así llegamos al presente: sin empleos suficientes, menos ingresos gubernamentales, menos población, menos contribuyentes y mucha austeridad que ha causado aún mayor contracción en la economía.

Ante esta coyuntura, el gobierno de Puerto Rico trató de negociar su deuda, ya que muy pronto no tendría dinero para pagarla. Los documentos de las deudas requieren que todos los acreedores estén de acuerdo con los cambios, lo cual es prácticamente imposible. Las entidades del gobierno de Puerto Rico no podían declararse en quiebra porque el Congreso de EE.UU. inexplicablemente lo había prohibido. Puerto Rico necesitaba una forma de restructurar su deuda.

Por tanto, Puerto Rico aprobó una ley que autorizaría a algunas de sus entidades gubernamentales a hacer precisamente eso.

Sin embargo, algunos acreedores retaron la ley en el tribunal federal de distrito, alegando que Puerto Rico no tenía autoridad para restructurar su deuda. Argumentaron que Puerto Rico no tenía otras opciones, salvo: pagar su deuda, pedir el consentimiento de todos sus acreedores para restructurarla, o solicitar una solución al Congreso de EE.UU., considerando sus poderes plenarios sobre Puerto Rico.

El tribunal coincidió con los acreedores y el tribunal de apelaciones confirmó el fallo. El Tribunal Supremo de EE.UU. decidió que revisaría el caso.

Mientras tanto, Puerto Rico había continuado pagando su deuda según vencía, pero en junio de 2015 el Gobernador de Puerto Rico declaró que la deuda era impagable.

En agosto de 2015, por primera vez en su historia el gobierno de Puerto Rico incumplió parcialmente el pago de su deuda. Y aun cuando hizo los pagos que vencieron en octubre y diciembre de 2015, en enero de 2016 incumplió todos los pagos que vencían.

Ahí fue cuando comenzó la PROMESA.

[PRIMERA PARTE]

Versiones del 24 y 29 de marzo de 2016

[1]

La promesa de hacer entrar al ELA presuntuoso en cintura

¡QUÉ COMIENZO POCO PROMETEDOR! El borrador para la discusión de la monstruosidad que es la Ley para la Supervisión, Administración y Estabilidad Económica de Puerto Rico que emitió el Comité de Recursos Naturales[1] demuestra que el proyecto es solo la PROMESA de mantener el control constante sobre Puerto Rico mediante el despotismo constante de la cláusula territorial.

Dividiré mis comentarios sobre la PROMESA de EE.UU. para Puerto Rico en esta Primera Parte en los siguientes temas:

- Los fundamentos de la Junta establecidos en el proyecto.
- El insidioso gobierno externo que se "incorpora" a la estructura gubernamental de Puerto Rico.

- El proceso establecido en el proyecto para una posible restructuración de la deuda.
- La reinstalación de los poderes económicos y los grupos de interés de EE.UU. como las entidades en control de los activos e inversiones de Puerto Rico.

Mis comentarios se refieren al borrador del 29 de marzo de 2016. También puede que me refiera al lenguaje usado en el borrador del 24 de marzo de 2016,[2] dependiendo de los cambios hechos de un borrador al otro.

EL RESUMEN QUE LO DICE TODO

La Junta se crea para "ayudar" al gobierno de Puerto Rico a manejar sus finanzas públicas, auditar al gobierno y atender la crisis fiscal. El Resumen Legislativo del Comité de Recursos Naturales de la Cámara de Representantes aclara que la Junta hará esto de "la manera más eficiente y justa, respetando el estado de derecho, la autogobernanza y a todas las partes y acreedores involucrados".[3]

Perdonen mi escepticismo.

La Junta creada es una "entidad dentro" del gobierno de Puerto Rico, pero no está sujeta a ningún control, supervisión o revisión ni de parte del Gobernador, ni de parte de la Asamblea Legislativa. La Junta no tiene que dar explicaciones por nada de lo que haga.

No entiendo cómo funciona eso.

¿Cómo una entidad puede estar dentro del gobierno de Puerto Rico, pero no reportarse al jefe constitucional del gobierno? Yo no entiendo.

A menos que se trate de un supragobierno: la Junta debe aprobar cada decisión financiera que haga el Gobernador o la Asamblea Legislativa, a su entera discreción, antes de que pueda entrar en vigor. Y como las políticas públicas dependen de los fondos asignados, ¿adivinen quién va a establecer política pública en Puerto Rico?

La Junta —adivinaron—.

Por otra parte, aquellos acreedores que salieron "malamente lastimados" en la quiebra de Detroit deben estar en éxtasis.[4] El Congreso ha adoptado su visión de la injusticia de su sufrimiento y ha declarado que:

- Seguir el precedente de 200 años de la retroactividad de la quiebra es "una idea mal concebida" y "menoscabaría el estado de derecho".[5]

De seguro que menoscabaría el estado de derecho como al Congreso de EE.UU. le gustaría que fuera, no como es. Véase el capítulo 8 para una breve discusión sobre este particular.

- Priorizar las pensiones sobre los acreedores "también tendría serias consecuencias sobre el más amplio mercado de bonos municipal"[6] (nuevamente Detroit).

El capítulo 8 discute los argumentos que presentaron los acreedores cuando se quejaron ante el Congreso de que habían sufrido mucho en la quiebra de Detroit y dijeron que Puerto Rico tenía —tenía— que ser diferente. Una cosa les concedo: están equivocados en derecho y en justicia, ¡pero vaya si tienen los cabilderos!

EL PROPÓSITO SIN AMBAGES

Por tanto, esta Junta es un administrador del presupuesto de Puerto Rico, con las prioridades establecidas por el presidente de EE.UU. mediante los miembros que nombra. Seamos realistas: el propósito de la Junta es asegurarse de que los pagos de la deuda de los próximos años se hagan, de manera que los acreedores que fueron descuidados en el proceso de evaluar sus transacciones con la diligencia debida puedan recuperar sus inversiones y limitar sus pérdidas.

¿Qué del desarrollo económico de Puerto Rico? ¿Qué? ¿Cómo fue? No oigo bien.

Esto me recuerda el gobierno civil "concedido" a Puerto Rico por la Ley Foraker de 1900, cuyos miembros (incluyendo los del Tribunal Supremo de Puerto Rico) fueron todos designados por el presidente de EE.UU.[7]

PRIMERO, LO PRIMERO

En ninguna parte de este proyecto hay mención alguna a recuperación económica, actividad económica, investigación económica, estructura económica, desarrollo económico, limitaciones económicas o restricciones económicas. En ningún momento los poderes de la Junta mencionan nada remotamente relacionado con la actividad económica que sentaría las bases para generar mayores ingresos para el erario.

Los poderes especificados en el proyecto se concentran en controlar gastos, limitar desembolsos y reducir el gobierno. ¿Y qué pasa cuando finalice el término de la Junta? Eso no es problema de la Junta. ¿Si el gobierno está inoperante a consecuencia de la constricción financiera? No es problema de la Junta. ¿Si los servicios privatizados no dan el grado? No es problema de la Junta. ¿Y si la economía se ha contraído aún más bajo el mandato de la Junta? Eso no es problema de la Junta.

EL MAYORDOMO DE LOS ACREEDORES ESTADOUNIDENSES

La primera parte de este proyecto sienta las bases para la Junta de Supervisión y Administración, y para todas las acciones que tomarán sus miembros. El Título I del proyecto dispone los poderes y protecciones legales de la Junta, así como su discreción ilimitada.

La Junta tendrá cinco miembros designados por el presidente de EE.UU., de los cuales dos deberán seleccionarse de una lista que provea el Presidente de la Cámara de Representantes de EE.UU., y otros dos de una lista similar que provea el líder de la mayoría del Senado de EE.UU. La designación inicial es por un término de tres años. El presidente puede removerlos solamente si hay causa.

La lista que provea el Presidente de la Cámara debe incluir una persona que mantenga su residencia principal, o su operación primaria de negocio, en Puerto Rico. El borrador del 24 de marzo requería que dos personas llenaran este requisito, pero en aquel borrador los cinco miembros eran nombrados por el Presidente tras consultar con el Comité de Recursos Naturales de la Cámara y el Comité de Energía y Recursos Naturales del Senado.[8]

El único requisito para ser miembro de la Junta es tener "conocimiento y peritaje en finanzas, administración, derecho, o en la organización u operación de un negocio o ente gubernamental".[9]

> *No hay requisito alguno para que haya alguien con algún conocimiento sobre desarrollo económico. Tampoco lo hay para que tengan algún conocimiento básico sobre la estructura gubernamental y económica de Puerto Rico, ni nada sobre las limitaciones legales en su relación con EE.UU. Nada de esa índole.*

Otro requisito es que ningún miembro de su familia puede ser empleado, ni contratista del gobierno de Puerto Rico. Esto descalificaría a muchas personas versadas y competentes que podrían estar dispuestas a trabajar con la Junta. ¿Será ese el resultado deseado?

> *Encuentro muy revelador que el proyecto no prohíbe conflictos de interés que sus miembros puedan tener respecto a negociaciones actuales o futuras para la venta de bienes y servicios al gobierno de Puerto Rico.*
>
> *Hay un espacio reservado para una prohibición de "cualquier otro conflicto de interés",[10] pero el hecho de que todavía sea solo un espacio reservado es, de por sí, sorprendente.*

LA MANO DURA

Aunque el proyecto establece claramente que las leyes de servicio público del gobierno federal no le aplican a la Junta, provee para el reclutamiento de empleados federales, quienes pueden elegir que se les considere como empleados federales mientras estén empleados por la Junta.

Todavía más interesante, una persona que la Junta reclute puede elegir que se le considere como un empleado federal para propósitos de su plan de ahorros, seguro de vida y seguro de salud.

Supongo que esto se considera un incentivo para facilitarle a la Junta el reclutamiento de personal calificado. El Congreso debe saber que no será fácil.

La disposición más perturbadora de este proyecto de ley (y la que hace obvia la intención del proyecto) es la autorización que establece que "la Junta deberá asegurar que los propósitos de esta Ley se cumplan, incluyendo mediante la aplicación inmediata de las leyes de Puerto Rico que prohíben la participación de los empleados del sector público en huelgas o cierres patronales".[11]

Esto prohíbe la disidencia.

Luego de siglos de represión policiaca y militar, y décadas de persecución por el Negociado de Investigaciones Federales (FBI, por sus siglas en inglés), una declaración tan abarcadora de "asegurar que los propósitos de esta Ley se cumplan", me hace anticipar una Junta que creerá que el fin justifica los medios.

Puede que se avecinen tiempos terribles otra vez.

En esa misma línea: cualquier oficial o empleado del gobierno de Puerto Rico que intencionalmente provea a la Junta información falsa o engañosa será culpable de delito menor y estará sujeto a una multa de no más de $1,000.

Fíjense que este crimen se reserva para los oficiales o empleados del gobierno de Puerto Rico; no aplica a ningún empleado del gobierno federal que provea servicios a la Junta, ni a ningún empleado reclutado directamente por la Junta. Todavía me hace hervir la sangre, aun cuando esta versión eliminó el año de cárcel que contenía el borrador del 24 de marzo.[12]

El borrador del 24 de marzo también disponía para la designación de un Principal Oficial Administrativo que hubiera sido responsable por supervisar los departamentos y funciones del gobierno de Puerto Rico.[13] El borrador del 29 de marzo eliminó ese puesto que tenía la encomienda de mejorar la efectividad y eficiencia del gobierno de Puerto Rico.

LOS TRIBUNALES A LOS QUE ACUDIMOS

Cualquier acción relacionada con el proyecto debe incoarse ante el Tribunal de Distrito de Columbia y cualquier orden puede apelarse solamente ante el Tribunal de Apelaciones del Distrito de Columbia. Más increíble aún, el término para una revisión por el Tribunal Supremo de EE.UU. se reduce a 10 días (el plazo normal es de 90 días).

¿Significa esto que hay desconfianza en el Congreso hacia los jueces puertorriqueños del Tribunal Federal en Puerto Rico? La ley se escribe para Puerto Rico y todos sus títulos aplican a Puerto Rico. Sin embargo, las acciones legales tienen que presentarse ante el tribunal federal del Distrito de Columbia.

¿Cuál es el propósito de requerir que cualquier acción legal relacionada con el proyecto se lleve ante el Tribunal de Distrito del Distrito de Columbia, y en apelación solo ante el Tribunal de Apelaciones del Distrito de Columbia? ¿Será hacer más difícil y costoso que Puerto Rico y los puertorriqueños puedan litigar? ¿Que si el Tribunal Supremo de EE.UU. fallara a favor de Puerto Rico en los dos casos pendientes durante este término, Puerto Rico lo piense bien antes de retar la cláusula territorial como la base legal de este proyecto? ¿Y que, en ese caso, sería mejor para EE.UU. si Puerto Rico tuviera que hacer eso ante tribunales que no están familiarizados con su relación legal con EE.UU. y que están lejos de San Juan?

El Título III sobre Ajuste de Deudas (discutido en el capítulo 4) es el único título del proyecto que aplica a otras jurisdicciones, y el proyecto establece que el tribunal federal con jurisdicción sobre acciones bajo ese título es el tribunal federal del territorio que restructurará su deuda bajo el Título. Por tanto, esta jurisdicción exclusiva en los tribunales del Distrito de Columbia se incluyó para afectar solo a Puerto Rico.

Es importante apuntar que el proyecto prohíbe la presentación de cualquier medida cautelar contra la Junta que pudiera entrar en vigor antes de que las apelaciones se procesen o en tanto la orden sea final. Esto significa que una decisión de un tribunal que prohíba a la Junta hacer algo, o que le ordene hacer algo, no puede entrar en vigor hasta que ninguna de las partes tenga más ninguna otra apelación que presentar.

¿YO, RESPONSABLE?

Ni la Junta, ni sus miembros o empleados, son responsables por ninguna demanda presentada contra la Junta, sus miembros, sus empleados o el gobierno de Puerto Rico como resultado de las acciones que se tomen al para implantar esta PROMESA.

Noten que el proyecto no exime al gobierno de Puerto Rico ni a sus empleados de demandas que puedan surgir como resultado de la implantación del proyecto, aun cuando el proyecto establece que es un delito menor desobedecer una orden de la Junta.

El gobierno de Puerto Rico no está exento de responsabilidad por seguir las órdenes de la Junta.

¿Querrá el Congreso dejar un pagano designado, y ese será el gobierno de Puerto Rico?

¿QUIÉN PAGA?

La Junta establecerá su propio presupuesto y puede asegurarse de que su control sobre el proceso presupuestario del gobierno de Puerto Rico le garantice fondos suficientes para operar al nivel de gastos que estime necesario. Su presupuesto no está sujeto a ningún tipo de revisión, puesto que "los gastos anuales de la Junta de Supervisión los determina la Junta de Supervisión a su entera y absoluta discreción".[14]

Suena espeluznantemente familiar a esa frase de "el estándar de vida al cual están acostumbrados".

Además, el gobierno de Puerto Rico debe proveer una "fuente de financiamiento dedicada"[15] que no esté sujeta a asignaciones legislativas subsecuentes. Supongo que lo más fácil sería crear un nuevo flujo de ingresos: un nuevo impuesto que se podría llamar Aportación Tributaria Adicional Compulsoria, o "el ATRACO", de la Junta.

Forma un interesante acrónimo, ¿no creen?

Paso a discutir una parte absurda de este Título I: la autorización otorgada a la Junta para emitir, en nombre del gobierno de Puerto Rico, bonos suficientes para financiar la Junta por al menos cinco años. El Congreso asignará fondos (la cantidad aún está en blanco) para que la Junta pueda contratar profesionales que le ayuden a organizar la Junta y el proceso de establecer una fuente de financiamiento.

En resumen:

- el Congreso autoriza a la Junta a emitir deuda a largo plazo para financiar sus gastos operacionales, y
- asigna fondos para contratar los asesores financieros y consultores para emitir dichos bonos.

REDUCCIÓN DE SALARIOS PARA SIEMPRE

El proyecto enmienda la Ley Federal de Normas Razonables en el Trabajo de 1938 (*Federal Labor Standards Act of 1938*) para extender la edad a la que los empleados en Puerto Rico pueden ser sometidos a un salario mínimo de $4.25 la hora.

Normalmente, un patrono puede pagar a un empleado que sea más joven de 20 años de edad un salario de $4.25 en lugar de $7.25 "durante los primeros 90 días calendario consecutivos luego de que dicho empleado sea contratado inicialmente".[16] Para los puertorriqueños, exclusivamente, este proyecto aumenta esa edad a los 25 años.[17]

> *Los estudiantes graduados de Universidad (en lo que Puerto Rico tiene una tasa equivalente a la de EE.UU.) usualmente completan su grado universitario cuando tienen 21 años. Con esta enmienda, los recién graduados estarán sujetos al mismo salario deprimido que aplica a los estudiantes de escuela superior y universidad.*

Pero eso no es todo. El proyecto expande aún más la depresión de los salarios para los empleados puertorriqueños al declarar que el reglamento emitido en el 2015 por el Departamento Federal del Trabajo para actualizar el reglamento sobre el tiempo extra[18] no aplica y "no tendrá validez ni efecto" en Puerto Rico.[19]

Este reglamento se emitió para aumentar el ingreso de los trabajadores, lo cual tiene un efecto positivo sobre los ingresos del gobierno y la economía.

Mediante esta enmienda, el Congreso de EE.UU. se asegura de que los trabajadores puertorriqueños no se beneficien nunca de dicho reglamento, ya que la prohibición es indefinida. Para que dicho reglamento aplique, el Congreso de EE.UU. tendría que aprobar una ley para enmendar la PROMESA a esos efectos.

Me encantaría saber quién está asesorando a los miembros del Congreso de EE.UU. (Supongo que alguien los está asesorando). Si los salarios están deprimidos, los ingresos del gobierno disminuyen, los ingresos del impuesto sobre las ventas y uso disminuyen y el consumo de energía eléctrica disminuye, ¿de dónde creen los redactores de este proyecto de ley que va a salir el dinero para pagar la deuda?

Autodeterminación

Y en caso de que ustedes, al igual que yo, hayan pensado que estábamos de vuelta al 1900, el proyecto procura recordarnos que "nada en esta Ley deberá ser interpretado como una restricción al derecho de Puerto Rico a determinar su estatus político futuro...".[20]

¿LOS INTERESES DE QUIÉN?

Los dados están claramente cargados a favor de los acreedores, para cuya protección fue que se concibió la Junta. La tarea de la Junta es la de exprimir a los puertorriqueños con el fin de proveer para el pago de la deuda, y, más humillante aún, para proveer los fondos para financiar la Junta que establecerá su propio "estándar de vida".

Así, se sientan las bases para que los intereses y prioridades del gobierno de EE.UU. y los poderosos grupos de cabilderos asuman el rol protagónico en la administración de los recursos de Puerto Rico.

Cuando se toma el control, se toma el control

ESTA PROMESA ES IR de vuelta al futuro. Es la hija espiritual de la Ley Foraker de 1900 (que creó el infame gobierno civil "concedido" a Puerto Rico luego de dos años del régimen militar de EE.UU.).[1] Un mejor nombre para esta PROMESA sería Foraker 21, ya que el supragobierno que crea esta Junta es tan análogo al Gobernador y al Consejo Ejecutivo designados por el Presidente de EE.UU. bajo la Ley Foraker, como el menoscabado gobierno de Puerto Rico es análogo a la menoscabada Cámara de Delegados de la Ley Foraker —que, para sorpresa de nadie, son los únicos electos por los puertorriqueños—.

Porque el pasado siempre está presente.

Este capítulo discutirá cómo esta Junta toma control sobre el gobierno de Puerto Rico (lo que en otras latitudes se conoce como un coup d'état).

LAS RAZONES

El Resumen Legislativo del proyecto achaca la "situación de Puerto Rico" a tres factores:[2]

- la administración fiscal,
- las políticas federales incompatibles, y
- una economía administrada por el estado que es desesperanzadamente ineficiente.

Como, según el Comité, las limitaciones políticas que pesan sobre nuestra economía no tienen ningún efecto en la deficiencia de los ingresos del gobierno ni en la contracción de la economía de Puerto Rico, el Comité opina que con eficiencias, mayor rendición de cuentas en las operaciones gubernamentales, la optimización de ingresos sobre gastos y mejorando la confiabilidad de los servicios, las cosas (no me atrevería a decir que la economía) darán un giro y todo va a estar bien.

No hay peor ciego que el que no quiere ver.

Y les confieso que cuando leí ese pedazo de "una economía administrada por el estado que es desesperanzadamente ineficiente",[3] recordé el tornillo de $37, la cafetera de $7,622, el martillo de $426 y el asiento de inodoro de $640. ¿Recuerdan aquellos artículos comprados tan baratos por el Pentágono administrado por el gobierno de EE.UU.?[24] La agencia que, aún con su ineficiencia probada y gerencia botarata, todavía se las arregla para ser la que más dinero recibe de los contribuyentes de EE.UU.

El gobierno de Puerto Rico jamás ha hecho esa clase de compras.

Discutamos, pues, el supragobierno.

El calendario y el acceso

La Junta establecerá el calendario para la preparación, presentación y certificación del Plan Fiscal y los presupuestos. También hay un requisito para que se presente una proyección de ingresos. El proyecto no es claro respecto a este punto: al parecer el Gobernador y la Asamblea Legislativa someterán estas proyecciones, pero no parecen estar sujetas a una revisión separada de las de los presupuestos y el Plan Fiscal.

Como parte de la supervisión ilimitada de la Junta, se le concede acceso directo a los sistemas de información y a todos los documentos y récords que la Junta estime necesario (lo cual incluye acceso directo a los sistemas automatizados de información).

Me dan pesadillas de solo pensar en las consideraciones de seguridad, comenzando por quién recibirá acceso y a qué.

PRIMERO, EL PLAN FISCAL

El proyecto requiere que el Gobernador prepare un Plan Fiscal de al menos cinco años y lo someta a la Junta para aprobación y certificación. Este Plan Fiscal es la base para todos los análisis y autorizaciones que la Junta hará (que son muchos).

Si la Junta encuentra que el Plan Fiscal es aceptable, emitirá una certificación de cumplimiento. Si la Junta no certifica el plan, el Gobernador puede revisarlo implantando las medidas "correctivas" identificadas por la Junta. Si aún así el Plan Fiscal no cumple, la Junta, a su entera discreción, lo preparará y lo presentará al Gobernador y la Asamblea Legislativa. En ese caso, se considerará que el Plan Fiscal ha sido aprobado por el Gobernador.

Fíjense en esto: "se considerará que el Plan Fiscal ha sido aprobado" por el Gobernador. Esto es un intento burdo de esconder que el Plan Fiscal fue preparado e impuesto por una entidad foránea no elegida por los puertorriqueños.

El Plan Fiscal:

- Provee estimados de ingresos y gastos de acuerdo con los estándares de contabilidad de acumulación modificada.
- Garantiza fondos para los servicios públicos esenciales.
- Provee fondos adecuados para los sistemas de pensiones públicas.

- Provee para la eliminación de las deficiencias presupuestarias en el financiamiento.
- Provee para un pago de la deuda que sea sostenible.
- Mejora la gobernanza fiscal.
- Provee para el logro de las metas fiscales.
- Crea estimados independientes de ingresos.

En el Plan Fiscal no se requiere nada sobre planes de desarrollo económico o políticas relacionadas, los cuales son indispensables para el crecimiento de la economía de Puerto Rico y, a su vez, de su base de ingresos.

El borrador del 24 de marzo requirió que el Plan Fiscal y el Presupuesto incluyeran disposiciones para cambios en las políticas y niveles de personal en cada departamento y agencia, así como cambios en la estructura y organización del gobierno de Puerto Rico.[5] Esto se eliminó del borrador del 29 de marzo.

Luego, el Presupuesto

Para efectos prácticos, la Junta debe certificar el Plan Fiscal para un determinado año fiscal antes de que el Gobernador pueda comenzar el proceso de preparar el presupuesto. El Gobernador debe presentar un presupuesto a la Junta para aprobación cada año fiscal antes de presentarlo a la Asamblea Legislativa. La Junta determinará si el presupuesto cumple con el Plan Fiscal de ese año.

Si cumple, el Gobernador estará autorizado a enviarlo a la Asamblea Legislativa. Si la Junta no certifica el presupuesto, el Gobernador puede revisarlo implantando las medidas "correctivas" identificadas por la Junta. Si el presupuesto aún no cumple, la Junta lo preparará y lo presentará al Gobernador y a la Asamblea Legislativa.

El mismo proceso aplica luego de que la Asamblea Legislativa apruebe el presupuesto. Si la Junta no considera que el presupuesto esté en cumplimiento con el Plan Fiscal, y la Asamblea Legislativa no presenta uno para el primer día del año fiscal, la Junta presentará un Presupuesto al Gobernador y a la Asamblea Legislativa y el Presupuesto se considerará aprobado por el Gobernador y por la Asamblea Legislativa.

Nuevamente, noten que dice: "se considerará que el Presupuesto ha sido aprobado" por los representantes electos del gobierno. Otro intento de ocultar que el Presupuesto fue preparado e impuesto por una entidad foránea no elegida por los puertorriqueños.

INFORMES POR DOQUIER

Cada trimestre, el Gobernador debe presentar a la Junta un informe que compare los datos reales de ingresos en efectivo, gastos en efectivo y flujo de efectivo del gobierno contra el Presupuesto. La Junta puede requerir que la información se presente para cada "entidad territorial incluida".

Y entonces, otra "amenaza": si el informe trimestral muestra alguna diferencia, la Junta debe reportarla al Presidente y al Congreso de EE.UU., a menos que Puerto Rico adopte medidas remediales (que sean aceptables para la Junta, por supuesto) y presente informes mensuales, en vez de trimestrales.

La Junta también debe presentar informes anuales al Congreso que describan el progreso de Puerto Rico en la implantación del proyecto, y la asistencia que la Junta provee (asistencia que entiendo que significa, una descripción del control que ejerció sobre cada aspecto del gobierno).

¡Y RECORTES!

Si el Gobernador o la Legislatura no corrigen una "violación" en los ingresos o gastos reales comparados con los ingresos o gastos presupuestados, la Junta está autorizada a hacer reducciones generales en gastos no relacionados con la deuda para garantizar el cumplimiento con el Presupuesto.

El Congreso de EE.UU. es claro en qué pagos son sagrados: fíjense que los recortes están autorizados solo para gastos no relacionados con la deuda. Lo que esta disposición hace es alterar el flujo de fondos de los contratos y los documentos bajo los cuales se emitió la deuda.

Si en un contrato de emisión el flujo de fondos proveía para el pago de los bonos luego del pago de todos los demás gastos, incluyendo los gastos operacionales (como son algunos), los acreedores compraron la deuda sabiendo que son los últimos en la secuencia. Ahora, el Congreso de EE.UU., al alterar las protecciones en los documentos de los bonos, le está dando preferencia a los acreedores, cuando los documentos de la deuda no lo hacían.

CONTROL ABSOLUTO

La Junta puede someter recomendaciones al Gobernador, la Asamblea Legislativa, el Presidente o el Congreso de EE.UU. para "garantizar el cumplimiento"[6] con el Presupuesto y el Plan Fiscal por parte de Puerto Rico. Sin embargo, estas recomendaciones pueden expandirse para incluir estabilidad fiscal, responsabilidad administrativa y eficiencia en la prestación de servicios, incluyendo recomendaciones sobre:

- el control de costos
- la estructura gubernamental
- las otras fuentes de ingresos
- las alternativas para cumplir con los pagos de pensiones
- las privatizaciones
- los cambios a las leyes de Puerto Rico y opiniones de los tribunales de Puerto Rico
- el personal de gobierno y las cesantías

¿Notan un patrón? La lista no incluye una sola recomendación sobre nada ni remotamente relacionado con desarrollo económico.

Fíjense también que no hay recomendaciones sobre cambios a las leyes de EE.UU. y opiniones de tribunales de EE.UU. que hayan menoscabado a Puerto Rico por más de un siglo respecto a su desarrollo económico, su presencia en la economía global y su participación en el comercio internacional.

Vamos ahora a la parte en que realmente se quitan los guantes: El gobierno de Puerto Rico tiene 90 días para implantar las recomendaciones. Si no lo hace, debe explicar al Presidente y al Congreso de EE.UU. por qué no las implantará.

Sin embargo, la Junta puede decidir, mediante el voto de solo tres miembros, implantar sus propias recomendaciones, pero después de consultar con el Comité de Recursos Naturales de la Cámara y el Comité de Energía y Recursos Naturales del Senado.

Porque..., pues, porque el amo supremo sabe hacerlo todo mejor.

Y yo pregunto: ¿No están estos Comités lo suficientemente ocupados como para tener que consultar con la Junta si Puerto Rico debe mantener su ley de licencia de maternidad o cuál debe ser la política de vacaciones para los empleados públicos?

Las personas curiosas quisiéramos saber.

[3]

¿Elecciones?
¿Para elegir un gobierno en Puerto Rico?
¿Para qué?

LA JUNTA ASUME EL PODER, para todos los propósitos, sobre el gobierno de Puerto Rico, en lo que equivale a la suspensión de la Constitución de Puerto Rico.

La primera parte discutió el proceso para la aprobación de los planes fiscales y presupuestos, así como de los informes que el Gobernador debe presentar a la Junta. También discutió los cambios que la Junta puede hacer en casi cualquier aspecto de la vida en Puerto Rico, los cuales se pueden implantar por el voto de tres de los miembros de la Junta.

Y LA CONSTITUCIÓN DE PUERTO RICO QUEDA SIN EFECTO

Una revisión de los poderes concedidos a la Junta nos demostrará que la Constitución de Puerto Rico ha quedado inoperante.

LEGISLACIÓN

La Junta debe aprobar todas y cada una de las leyes que apruebe la Asamblea Legislativa antes de que entren en vigor.

Permítanme repetir esto: La Junta debe aprobar todas y cada una de las leyes que apruebe la Asamblea Legislativa antes de que entren en vigor.

La Junta revisará cada ley para ver si es compatible con el Plan Fiscal y el Presupuesto (que la Junta certificó) antes de decidir si la ley va a entrar en vigor. Si la Junta, a su entera discreción, decide que la ley es "significativamente incompatible" con el Presupuesto o el Plan Fiscal, la ley "será nula y no tendrá efecto".

Pero la ley provee para que esta despótica usurpación del poder sea una experiencia de aprendizaje: "en la medida en que la Junta de Supervisión lo considere apropiado, [esta podrá] proveerle a la Asamblea Legislativa recomendaciones para modificar la ley".[1] Además, si la Junta no toma acción en 14 días, se considerará que la ley ha sido aprobada por la Junta.

CONTRATOS Y ACUERDOS DE ARRENDAMIENTO

El mismo proceso aplica a cualquier contrato o acuerdo de arrendamiento, sin importar su monto: La Junta examinará la transacción y decidirá si es compatible con el Plan Fiscal y el Presupuesto. Solo entonces el gobierno de Puerto Rico estaría autorizado a firmar el acuerdo. Y, para esta revisión, la Junta no tiene término límite dentro del cual deba emitir una respuesta.

Cuando alguna ley vigente o la Junta lo requiera, la Asamblea Legislativa deberá aprobar primero cualquier contrato o acuerdo de arrendamiento antes de someterlo a la Junta. Por ejemplo, el proyecto añade el requisito de que el Gobernador debe presentar a la Asamblea Legislativa para aprobación cualquier contrato de más de $1,000,000. Si la Asamblea Legislativa aprueba el contrato, entonces se somete a la Junta para aprobación. Luego, solo si la Junta lo aprueba, el Gobernador podrá firmar el contrato o acuerdo de arrendamiento.

REGLAMENTOS Y PROCEDIMIENTOS

Esto también aplica a cualquier procedimiento o reglamento propuesto por cualquier agencia: salvo que la Junta lo autorice, ningún procedimiento o reglamento entrará en vigor. Como el proyecto no lo especifica, y considerando que la Asamblea Legislativa debe reportarse a la Junta y seguir sus órdenes, presumo que el proceso que se seguirá para la aprobación de procedimientos y reglamentos será este: la agencia sigue el proceso establecido por la Ley de Procedimiento Administrativo de Puerto Rico y, luego de haberlo cumplido, el procedimiento o reglamento se somete a la Junta para aprobación. La agencia debe esperar hasta que la Junta apruebe, o desapruebe, el procedimiento o reglamento, porque la Junta no tiene término límite para emitir una respuesta.

INFORMES DEL GOBERNADOR

El Gobernador hasta tiene que someter a la Junta para revisión "cualquier informe que presente el Gobernador para un año fiscal o para cualquier trimestre", y la Junta revisará cada informe y presentará un informe al Congreso de EE.UU. en el que analizará el grado de exhaustividad y precisión del informe del Gobernador.

Esto, yo no lo entiendo.

"Cualquier informe" significa cualquier informe que presente el Gobernador a cualquier persona para cualquier propósito. Tendría sentido si se refiriera solo a los informes trimestrales que el Gobernador debe presentar a la Junta (no hay ningún requisito que establezca que el Gobernador debe presentar informes anuales a la Junta), pero, ¿cualquier informe? ¿Qué significa eso?

Esta sección también se refiere a "informes de rendición de cuentas financieras y de desempeño" que no se mencionan en ninguna otra parte del proyecto.

LA JUNTA TIENE SUS PROPIOS PROCEDIMIENTOS Y REGLAMENTOS

Eso no es todo. Se autoriza a la Junta a emitir las órdenes, procedimientos o reglamentos que considere apropiados para ejecutar los propósitos del proyecto, si el Gobernador o los jefes de cualquier departamento o agencia pudieran haberlos emitido.

Dada esta salvedad, entiendo que la Junta tendría que seguir la Ley de Procedimiento Administrativo de Puerto Rico, ya que el Gobernador y cualquier agencia hubieran tenido que seguirla.

La diferencia es que la Junta debe notificar al Presidente y al Congreso de EE.UU. si emite cualquier orden, procedimiento o reglamento de esta índole. Otra diferencia importante: las órdenes, procedimientos o reglamentos emitidas por la Junta no estarán sujetas a revisión judicial.

No obstante, si leo este lenguaje tan amplio de "emitir las órdenes, procedimientos o reglamentos que considere apropiados para ejecutar los propósitos de esta Ley", junto con la autorización a la Junta para "asegurar [que] los propósitos de esta Ley se cumplan"² aplastando cualquier intento por parte de los empleados del gobierno de organizar una huelga o un cierre patronal, muy bien podríamos ver una orden para declarar un estado de emergencia —emitida por la Junta—.

Y NOS SIGUEN EXPRIMIENDO

PRÉSTAMOS Y REPROGRAMACIÓN DE FONDOS

Cualquier préstamo que coja el gobierno de Puerto Rico lo debe aprobar la Junta. Me pregunto si eso incluye arrendamientos financieros de equipos y maquinaria, ya que el proyecto no provee para ninguna excepción.

Si el Gobernador quiere reprogramar cualquier cantidad provista en el Presupuesto, ello debe recibir la aprobación de la Junta antes de presentarse a la Asamblea Legislativa. Nótese que esto no es un gasto nuevo, es una transferencia de fondos de un propósito a otro. No implica ningún efecto en el Presupuesto total, ni ningún aumento en gastos.

Pero como hasta esto minimiza el control extremo de la Junta sobre la política pública en Puerto Rico, no puede ser. Por tanto, hasta la reprogramación de fondos dentro del Presupuesto está sujeta a "un análisis" de la Junta.

Definitivamente, la Constitución de Puerto Rico queda sin efecto.

LA JUDICATURA DE PUERTO RICO

Y ahora a la parte ausente: la Judicatura. El proyecto no menciona para nada a la Judicatura de Puerto Rico. Cualquier asunto relacionado con el proyecto se litigará ante el Tribunal de Distrito del Distrito de Columbia y se apelará ante el Tribunal de Circuito del Distrito de Columbia. Las citaciones de comparecencia y cualquier restructuración se litigarán ante el Tribunal Federal en Puerto Rico.

¿Nuestra judicatura? No aparece por ninguna parte, salvo para aclarar que el poder de la Junta para emitir citaciones no se extiende a "oficiales jurídicos ni [a los] empleados de los tribunales de Puerto Rico".

Solo espero que el término "oficiales jurídicos" incluya a los jueces.

La Constitución de Puerto Rico desaparece.

PODERES ADICIONALES

La Junta debe aprobar cualquier exoneración de impuesto discrecional que el gobierno de Puerto Rico conceda. Entiendo que esto significa que las leyes de incentivos contributivos ahora están bajo la supervisión directa de la Junta. Las "exoneraciones contributivas discrecionales" incluirían los contratos de incentivos contributivos.

Explícitamente, se le concede a la Junta autorización para hacer esfuerzos cooperativos con Puerto Rico, incluyendo recomendar cambios a las leyes federales o a las acciones del gobierno Federal que ayuden a Puerto Rico a cumplir con el Plan Fiscal y los presupuestos.

Quién sabe si esto incluye cambios en las leyes federales que imponen limitaciones sobre el desarrollo económico de Puerto Rico.

¿Y CUÁNDO EMPIEZA TODO ESTO?

Cualquiera de los siguientes seis eventos daría inicio a un "periodo de supervisión":[3]

1. La incapacidad por parte del gobierno central, cualquier agencia o corporación pública para proveer suficientes ingresos a un fondo de reserva para el pago de la deuda.

2. El incumplimiento del pago de cualquier tipo de préstamo.

3. La incapacidad del gobierno de Puerto Rico de pagar su nómina.
4. La existencia de un déficit de efectivo al cierre de cualquier trimestre.
5. El incumplimiento de los pagos requeridos de pensiones y beneficios.
6. El incumplimiento de cualquier pago a cualquier entidad establecida bajo un pacto interestatal.

El "periodo de supervisión" termina cuando la Junta certifique que estas dos condiciones se cumplen:

1. Puerto Rico tiene acceso adecuado a crédito a corto y a largo plazo a tasas de interés razonables.
2. Los gastos realizados durante cada año no excedieron los ingresos del año, durante cinco años fiscales consecutivos.

Sin embargo, los eventos que marcan el comienzo de un periodo de supervisión no son importantes de inmediato, puesto que el proyecto estima que ya en este momento existe un periodo de supervisión.

VIGILANCIA ETERNA

Pero, el trabajo de la Junta no termina nunca. Aun si no hay periodo de supervisión, el Gobernador debe seguir sometiendo el Presupuesto del gobierno a la Junta, por siempre, de manera que la Junta pueda preparar un informe para el Presidente y el Congreso de EE.UU.

La Junta también deberá seguir vigilando el "estatus financiero" de Puerto Rico (sea lo que sea que eso signifique, y sea lo que sea que eso implique), de manera que, si estima que existe un riesgo de que pueda comenzar un periodo de supervisión, la Junta pueda presentar un informe al Presidente y al Congreso de EE.UU.[4] El proyecto no aclara qué significa eso de que si "existe un riesgo de que pueda comenzar un periodo de supervisión". ¿Se refiere al próximo año fiscal? ¿O a dentro de los próximos cinco años? ¿A que sea posible? ¿O a que sea probable?

Ya que la supervisión de la Junta es perpetua, supongo que considerará un ápice de riesgo como razón suficiente para iniciar un periodo de supervisión.

LA DESCONFIANZA

Esta es mi sección favorita del proyecto. Si el Plan Fiscal y el Presupuesto se preparan mediante consenso entre la Junta, el Gobernador y la Legislatura, la Junta debe certificar que el Presupuesto y el Plan Fiscal reflejan consenso... y debe enviar copia al Presidente y al Congreso de EE.UU.

Si la Junta certifica el Plan Fiscal o el Presupuesto mediante el proceso de revisión, rechazo, revisión, aprobación y certificación, la Junta no tiene el requisito de enviar una copia ni al Presidente de EE.UU., ni al Congreso de EE.UU.

Pero, ¿si el Plan Fiscal y el Presupuesto se preparan mediante consenso? En ese caso tiene que enviar copias al Presidente de EE.UU. y al Congreso de EE.UU.

¿De manera que el Presidente de EE.UU. y el Congreso de
EE.UU. puedan cerciorarse de que la Junta sea tan controla-
dora como debe ser?

OH, SE MURIÓ

Entre todos lo mataron y él solo se murió.
—Refrán español

El Estado Libre Asociado, como organismo constitucional, está pulverizado.
Que descanse en paz en el más allá.

ELECCIONES Y AUTOGOBERNANZA

No hay necesidad de celebrar elecciones en Puerto Rico este
noviembre. ¿Celebrar una elección para instalar un
gobierno que, para todos los propósitos prácticos, es un
empleado de esta Junta?

Este proyecto pone fin a la Constitución de Puerto Rico.
El establecimiento de política pública, el control sobre el
presupuesto, el gasto en infraestructura, la restructuración
de la deuda, las políticas y estructuras legales que reflejan
las prioridades sociales de los puertorriqueños, todo está
secuestrado por una Junta designada por el Presidente de
EE.UU., por el cual los puertorriqueños no votamos.

El Comité trata de hacernos creer que la Junta ejercerá
su control de "la manera más eficiente y justa que sea
respetuosa del estado de derecho, la autogobernanza...".[5]
Eso es imposible.

Una Junta que controla todos y cada uno de los aspectos del gobierno de Puerto Rico y de la vida de los puertorriqueños no respeta la autogobernanza. Cuando solo tres personas nombradas por el Presidente de EE.UU., sin ninguna aportación en absoluto de los puertorriqueños, pueden hacer cambios en nuestro gobierno, nuestras leyes, nuestras políticas, nuestros recursos y nuestros activos, no hay autogobernanza.

Eso tiene muchos nombres; autogobernanza no es uno de ellos.

Por tanto, ¿elecciones? ¿En Puerto Rico? ¿Para qué? ¿Para elegir un gobierno ineficaz que no será otra cosa que un subordinado de la Junta?

Estoy ansiosa por leer los informes que EE.UU. presentará ante el Comité de Descolonización de las Naciones Unidas, nuevamente, considerando que este proyecto aniquila la Constitución de Puerto Rico.

Foraker 21

Una cosa es clara, se acabó el culipandeo del Congreso. Noviembre está cerca, los puertorriqueños no votan, pero los acreedores sí, y los políticos creen, sobre todas las cosas, en la autopreservación.

Aún así, me deja estupefacta que el Congreso de EE.UU. haya redactado algo como esto.

Al leer el proyecto pienso en lo que el Prof. T. Alexander Aleinikoff llamó "los fuegos imperialistas ardiendo en la nación".[6] Noten los esfuerzos que hace el Congreso para dejar claro que "Nada en esta Ley puede ser interpretado... como que limita la autoridad del Congreso de ejercer máxima autoridad legislativa sobre Puerto Rico".[7]

Ciertamente, el Tribunal Supremo de EE.UU. tiene a todos muy, pero que muy, nerviosos. Santos cielos, ¿y qué pasa si llega a confirmar que la aprobación de la Constitución de Puerto Rico coloca a Puerto Rico fuera de la cláusula territorial? ¡Oh no, no, no! Véase el capítulo 9 para una breve discusión sobre este particular.

Como con este proyecto el Congreso de EE.UU. ha demostrado cuan dispuesto está a anular la Constitución de Puerto Rico (siempre bajo la "usémosla-ahora-ya-que-pronto-puede-morir" cláusula territorial) un nombre más apropiado para este proyecto sería la "Ley Foraker para el Nuevo Siglo", especialmente porque la Ley Foraker de 1900 es el padre espiritual de esta PROMESA.[8] Su nombre corto debería ser "Foraker 21".

El codiciado control sobre los presupuestos, los gastos, la estructura gubernamental, la legislación, los contratos, los activos y la vida en general todavía es posible, justo como lo fue hace 116 años.

Otra ventaja de llamarla Foraker 21 es que no hay necesidad de acrónimos.

Indudablemente, de vuelta al futuro.

SIEMPRE PRESENTE

Cuánto de este agresivo empeño en la burda implantación de los poderes plenarios de la cláusula territorial es debido a la intensificación de las hostilidades contra aquellos "allende los mares", es algo que solo la gente en el edificio de cinco lados sabe y que nosotros en Puerto Rico nunca debemos descartar.[9]

[4]

Una restructuración de la deuda justa y ordenada

A ESTAS ALTURAS TODOS aceptan que no se pueden hacer los pagos de la deuda de Puerto Rico y que se debe legislar una propuesta para aprobar un proceso de restructuración de la deuda. La PROMESA pretende hacer eso. También pretende insertar un mecanismo de control preventivo, en caso de que el Tribunal Supremo de EE.UU. decida concederle algunos poderes de restructuración a Puerto Rico.

Como todo el mundo aparentemente ha descartado seguir las disposiciones de los documentos de los bonos, entonces, como segunda alternativa, tiene sentido crear un proceso de restructuración similar a lo que ya es familiar para los bonistas de EE.UU.

LA DEUDA DE PUERTO RICO

La deuda de Puerto Rico es muy interesante. La deuda del gobierno de Puerto Rico se emitió conforme a las leyes de Puerto Rico y está sujeta a los tribunales de Puerto Rico. Algunos documentos disponen para la jurisdicción exclusiva de los tribunales de Puerto Rico. El Tribunal Supremo de Puerto Rico nunca ha interpretado ninguno de los documentos de bonos o sus disposiciones.

Las cosas se complican porque los bonistas de EE.UU., aun habiendo comprado esta deuda que está sujeta a las leyes y tribunales de Puerto Rico, no quieren litigar en los tribunales de Puerto Rico y mucho menos quisieran que se aplique la ley de Puerto Rico a los bonos que tienen en cartera.

Los acreedores han usado sus muy eficaces cabilderos para convencer al Congreso de que un proceso de restructuración sujeto a las leyes federales, litigado en los tribunales federales y dirigido por un grupo que nombre el gobierno de EE.UU., serviría mejor a sus intereses. Aunque, a base de las declaraciones que algunos de ellos han hecho en la prensa,[1] el proyecto no parece proteger tanto sus mejores intereses como ellos esperaban.

Este capítulo discutirá lo siguiente:

- Las disposiciones del proyecto sobre acuerdos voluntarios para ajustes en la deuda.
- La suspensión de demandas contra los deudores del gobierno de Puerto Rico.

- El proceso propuesto para la presentación de una petición para ajuste de la deuda bajo el Título III de la PROMESA.

LOS MIEMBROS DE LA JUNTA

El proyecto requiere que los miembros de la Junta de Supervisión y Administración Financiera no tengan ningún conflicto de interés, incluyendo poseer valores de Puerto Rico.

Eso tiene mucho sentido, particularmente porque el proyecto convierte a la Junta en agente y síndico de Puerto Rico para cualquier restructuración que pueda iniciarse mediante el proceso creado por el Título III de la ley.

Sin embargo, me intriga que este requisito se marca como un lenguaje temporero. Ciertamente, esto es solo un borrador. Pero, como este requisito es fundamental, me parece sorprendente que solo se presente como una posibilidad.

Mi escepticismo está vivito y coleando.

LA SUSPENSIÓN, O DARLE UN RESPIRO

El proyecto provee para una suspensión a todas las demandas contra los deudores de Puerto Rico al momento en que se establezca la Junta. La suspensión aplica a todas las entidades. Esto significa que ninguna persona, patrimonio, fideicomiso o unidad gubernamental, o síndico de EE.UU., puede:

- Iniciar una acción o procedimiento contra el gobierno de Puerto Rico por una causa surgida antes de que se aprobara la PROMESA.

- Proceder con una acción que se haya iniciado antes de que se aprobara la PROMESA.

- Iniciar una acción o procedimiento para recobrar alguna reclamación contra el gobierno de Puerto Rico que surgiera antes de que se aprobara la PROMESA.

- Ejecutar una sentencia obtenida antes de que se aprobara la PROMESA.

- Obtener posesión o ejercer control sobre propiedad alguna del gobierno de Puerto Rico.

- Crear, perfeccionar o ejecutar algún gravamen contra propiedad alguna del gobierno de Puerto Rico.

- Cobrar, avaluar o recobrar un reclamo de garantía contra el gobierno de Puerto Rico.

- Reclamar compensación por deuda alguna debida al gobierno de Puerto Rico.

Sin embargo, la suspensión no aplica a procesos de naturaleza judicial o administrativa, ni a cualquier otra acción o procedimiento contra el gobierno de Puerto Rico, iniciado en o antes del 18 de diciembre de 2015. (Ese día, la Autoridad de Energía Eléctrica de Puerto Rico llegó a un acuerdo tentativo para restructurar su deuda con un grupo de compañías aseguradoras y acreedores, y el proyecto permite que prevalezca).

La suspensión tiene una vigencia de hasta 18 meses, o hasta que se presente una petición conforme al Título III, lo que suceda primero.

El único tribunal con jurisdicción es el Tribunal Federal de Distrito de Puerto Rico.

El proyecto también prohíbe que se rescindan los contratos con el gobierno de Puerto Rico por causa de una disposición de insolvencia. Esto significa que si un contrato establecía que quedaría rescindido si se determinara que el gobierno de Puerto Rico está insolvente, dicha disposición no será válida, y la parte tiene que continuar cumpliendo con el contrato, siempre y cuando el gobierno cumpla con todos los demás términos.

SE PONDRÁN DE ACUERDO

El proyecto requiere que la Junta certifique cualquier acuerdo voluntario que el gobierno de Puerto Rico haya "consumado" con acreedores de su deuda para restructurarla. Sin dicha certificación el acuerdo no será válido. La Junta debe certificar los siguientes dos elementos:

1. que provee para un nivel sostenible de deuda, y
2. que es compatible con el Plan Fiscal.

El borrador del 24 de marzo había usado el término "acordado exitosamente"[2] en lugar de "consumado". Me pregunto si el cambio en el término significa que ahora el acuerdo de restructuración debe estar firmado y ejecutado antes de que la Junta examine los términos.

Pienso que es probable puesto que para otras revisiones y análisis que la Junta hace, el proyecto requiere que la transacción se someta a la Junta en forma final.

No creo que el propósito del cambio sea para esperar hasta que las obligaciones de las partes bajo el acuerdo se hayan completado, pues eso puede tomar años. Usar el término "consumado" tiene sentido si lo que significa es que se ha llegado al acuerdo final y que las partes están claras respecto a las responsabilidades de cada una.

LA CERTIFICACIÓN

La Junta debe certificar, antes de que se presente ninguna petición o plan en nombre de un deudor del gobierno de Puerto Rico, que tanto la petición como el plan son compatibles con el Plan Fiscal.

La Junta está autorizada a emitir una "certificación de restructuración" a una entidad del gobierno bajo ciertas circunstancias:

- El gobierno de Puerto Rico hizo todos los esfuerzos razonables para llegar a un acuerdo voluntario que sea compatible con el Plan Fiscal.
- La entidad adoptó procedimientos para presentar a tiempo estados financieros auditados y borradores de estados financieros.
- La entidad adoptó procedimientos para presentar a tiempo cualquier otra información necesaria para que cualquier parte interesada pueda evaluar con la

debida diligencia la condición financiera de la entidad.

Bajo circunstancias extremas, la Junta puede presentar una petición para una restructuración, aun si estas condiciones no se cumplen.

Este lenguaje debe trabajarse. El deudor de Puerto Rico debe cumplir con estos requisitos antes de que la Junta pueda considerar presentar una petición de restructuración en nombre del deudor. El proyecto debería establecer que la Junta tiene que "concluir que los requisitos se cumplen" o establecer que la certificación es parte de la petición que la Junta presentaría en nombre del deudor.

No tiene sentido emitir una "certificación de restructuración" a un deudor que no puede presentar una petición de restructuración, ya que la determinación de presentar la petición queda a discreción de la Junta, y el proceso de restructuración está bajo el control de la misma.

NO TENEMOS VELA EN ESE ENTIERRO

El Título III del proyecto crea un proceso para el ajuste de la deuda de un territorio, el cual incluye a Puerto Rico en la definición. La Sección 301 de la PROMESA enumera las secciones del Código de Quiebra que aplican a los procedimientos creados para los territorios.

La petición se presenta ante el Tribunal Federal de Distrito de Puerto Rico, pero —y este es un gran pero— si la Junta decide que este tribunal no manejará apropiadamente el caso, entonces podrá transferir el caso al tribunal Federal del Distrito de Columbia, porque ahí es que la otra oficina de la Junta está ubicada.

¿Cómo les cae esto?

Cualquiera que sea el tribunal, el de Puerto Rico o el del Distrito de Columbia, no puede intervenir con:

- cualquier poder político o gubernamental del deudor;
- cualquier propiedad o ingreso del deudor;
- el uso y disfrute por el deudor de cualquiera de sus propiedades generadoras de ingresos.

El proyecto aclara que una afiliada de un deudor incluye al gobierno central de Puerto Rico y todas las instrumentalidades de Puerto Rico. Por tanto, todas las entidades deudoras del gobierno de Puerto Rico son afiliadas unas de otras.

Eso significa que la Junta puede presentar peticiones y planes para ajustes conjuntos para todas ellas: en teoría, toda la deuda emitida por el gobierno de Puerto Rico se podría englobar en un mismo plan de ajuste.

Como un mecanismo de control preventivo contra cualquier opinión que pueda emitir el Tribunal Supremo de EE.UU. favorable para Puerto Rico respecto a la validez de la Ley para la Recuperación de Puerto Rico,[3] el proyecto establece que ninguna ley que un territorio apruebe puede obligar a ningún acreedor que no consienta con el ajuste de la deuda. (El ajuste de la deuda es cuando los deudores y acreedores llegan a un acuerdo de nuevos términos de repago, o de un repago total por menos de la cantidad total adeudada).

Solo la Junta puede presentar una petición y un plan de ajuste bajo este Título III y puede tomar cualquier acción necesaria en nombre de Puerto Rico para darle curso al caso, incluyendo presentar una petición y someter o modificar el plan de ajuste. El proyecto no menciona "preparar" ni la petición ni el plan, ni tampoco indica nada sobre cuál será la participación de Puerto Rico en este proceso.

Pero como el proyecto establece claramente que el Título III no se puede interpretar como que limita los poderes concedidos a la Junta por el Congreso de EE.UU. en modo alguno, no creo que a Puerto Rico se le permitirá ser un participante activo.

Otros territorios

Un territorio no puede ser un deudor bajo este Título III a menos que esté sujeto a la supervisión de una Junta.

Por tanto, aunque la definición de territorios incluye a Guam, las Islas Marianas del Norte, Samoa Americana y las Islas Vírgenes de EE.UU., ninguno de ellos puede usar este proceso a menos o hasta que el Congreso de EE.UU. apruebe una ley sometiéndolos a una Junta. En términos prácticos, este proyecto no debe tener el más mínimo efecto sobre el mercado de sus bonos.

EL INTENTO

En un intento por respetar la judicatura de Puerto Rico, el proyecto requiere que el tribunal federal se abstenga de determinar un asunto que requiera una opinión sobre:

- derechos sobre la propiedad bajo las leyes de Puerto Rico, o
- interpretación o aplicación de las leyes de Puerto Rico.

Solo si el Tribunal Supremo de Puerto Rico ha emitido una opinión final y firme sobre un asunto ante su consideración, puede entrar a decidir un tribunal federal. Pero, si el Tribunal Supremo no ha emitido una opinión, el tribunal federal debe certificar el asunto al Tribunal Supremo de Puerto Rico (tiene que informar al Tribunal Supremo sobre el asunto para que el Tribunal Supremo pueda emitir una opinión basada en la ley de Puerto Rico que sea vinculante para todos los tribunales, excepto, por supuesto, para el Tribunal Supremo de EE.UU.).

Como aproximadamente el 95% de la deuda emitida por Puerto Rico está sujeta y debe ser interpretada a la luz de la ley de Puerto Rico, esto es bastante razonable. Particularmente porque el Tribunal Supremo de Puerto Rico no ha emitido "opiniones finales y firmes" sobre los documentos de los bonos, ni sobre la mayoría de las leyes, procedimientos, ni reglamentos aplicables a las emisiones de bonos.

Esta abstención obligatoria es indispensable para que los deudores de Puerto Rico se beneficien de las protecciones que muy prudentemente incluyeron en todos sus documentos de bonos.

TODO ESTÁ BIEN

El tribunal federal aplicable (el de Puerto Rico o el del Distrito de Columbia) debe confirmar un plan de ajuste que presente la Junta, si cumple con todas estas condiciones:

- El plan cumple con el proceso establecido por la PROMESA en su Sección 301.
- El plan cumple con las disposiciones del Título III.
- Todas las cantidades debidas por el deudor por servicios o gastos en el caso o relacionadas con el plan de ajuste han sido divulgadas y son razonables.
- El deudor no tiene prohibiciones de ley para tomar las acciones necesarias para llevar a cabo el plan.
- Los gastos administrativos, tarifas y costas han sido pagados en su totalidad, en efectivo.
- Se ha obtenido cualquier aprobación regulatoria o electoral necesaria para llevar a cabo cualquier disposición del plan.
- El plan protege los mejores intereses de los acreedores y es factible.
- El plan es compatible con el Plan Fiscal que la Junta certificó.

¿Será todo esto en vano?

El proyecto tiene una sección peligrosa que parece poner en riesgo todos los procesos bajo el Título III:

> Nada en esta Ley puede ser interpretado (1) como que anula cualquier obligación existente al día en que se aprobó esta Ley por el gobierno de Puerto Rico para repagar a cualquier individuo o entidad de quien Puerto Rico ha tomado fondos en préstamo, sea mediante la emisión de bonos o por otro medio;[4]

"Nada en esta Ley", incluye el Título III. ¿Cuál es el propósito de este párrafo? Si solo pretende excluir los procesos, acciones y procedimientos iniciados en o antes del 18 de diciembre de 2015, debe indicarlo.

Soberanía y finanzas

La intersección entre las finanzas y la soberanía (o, incluso la autogobernanza, para usar el término congresional) en ningún caso es más clara que en Puerto Rico.

Este Título III podría ser un intento para lograr una solución. Se me dificulta llamarlo un intento justo porque Puerto Rico no parece tomar parte en el proceso previo al proceso de restructuración, y está sujeto a las decisiones de la Junta ya que la Junta es su agente y síndico.

El Título III hace un buen esfuerzo por preservar la aplicabilidad de la ley de Puerto Rico, aun cuando el intento no es muy elegante por las limitaciones políticas sobre el estatus y el interés de EE.UU. en preservarlas.

En general, considero el que el Título III es un intento aceptable.

Sin embargo, la historia me gusta lo suficiente como para saber que no debo dejar de buscar una trampa por ahí en algún sitio.

[5]

El zar de la privatización

LA "LEY PARA LA REVITALIZACIÓN de Puerto Rico" provee para el nombramiento de un Coordinador de Revitalización que estará a cargo de negociar la privatización de todos los activos vendibles que pertenecen a Puerto Rico. La privatización sería bajo un proceso especial aplicable en emergencias declaradas. Es el Título V de la PROMESA.

El Coordinador de Revitalización tiene completa discreción para determinar si una oferta que se reciba para la privatización de un activo debe proceder.

¿Y el gobierno de Puerto Rico? No decide nada.

Tenemos una Junta designada por el Presidente de EE.UU. que escoge a un zar de privatización que tiene la última palabra sobre la venta de los activos que pertenecen a Puerto Rico.

Mi discusión sobre la "Ley para la Revitalización de Puerto Rico" incluye:

- la designación y el poder del Coordinador de Revitalización,
- la Ley 76-2000 de Puerto Rico,
- el proceso de privatización bajo el Título V de la PROMESA, y
- el Programa de Privatización de Grecia.

El montaje

El Resumen Legislativo del Comité para la PROMESA comparte la determinación de que "durante los pasados meses el esfuerzo de supervisión del Comité ha revelado que existe un deseo de hacer inversión privada en Puerto Rico".[1]

> *No hace falta meses de un proceso de supervisión de un comité congresional para saber que hay un deseo de hacer inversión privada en Puerto Rico. Nunca ha habido duda de eso.*
>
> *La pregunta es bajo qué términos ese "deseo" tiene interés.*

Veamos un poco de historia reciente. En abril de 2015 y julio de 2015 varios bonistas de la Autoridad de Energía Eléctrica de Puerto Rico ofrecieron versiones de un plan de inversión privada. Muy poco del plan se hizo público, pero un elemento era que no estaría sujeto a procesos de licitación competitivos. La AEE los rechazó porque, entre otras razones, eran inaceptables para los acreedores, incluyendo las aseguradoras de la deuda.

Para los planes propuestos, los bonistas habían escogido proveedores de servicios, equipo, infraestructura y financiamiento, y presentado el nuevo plan de privatización de generación de energía como un hecho consumado. Ahora, el Título V se enfoca en la privatización de la AEE, y mayormente en el aspecto de generación del servicio de energía eléctrica.

Qué coincidencia, el objeto de la oferta de privatización que hicieron los bonistas de la AEE, quienes también han estado bien activos en sus esfuerzos de cabildeo en el Congreso.

Como discutiré, la PROMESA adopta el método de presentar propuestas de los acreedores de la AEE.

LAS DÁDIVAS
(¿QUE SEGUIRÁN DANDO?)

La PROMESA autoriza a la Junta a

aceptar, usar y disponer de dádivas, concesiones o modalidades de servicios o propiedad, tanto inmueble como mueble, con el propósito de ayudar y facilitar el trabajo de la Junta de Supervisión.[2]

La Junta depositará los fondos de estas "dádivas, concesiones o modalidades de dinero o recaudos de ventas de otras propiedades recibidas como dádivas, concesiones o modalidades"[3] en una cuenta a nombre de la Junta y los desembolsarán según los procedimientos y reglamentos de la Junta.

¿Vieron esto? La Junta que escoge el Coordinador de Revitalización y aprueba todas las transacciones de privatización está autorizada a recibir dádivas o servicios y propiedad si, a su entera discreción, ello ayuda o facilita el trabajo de la Junta. Todos estos fondos pueden entonces usarse por la Junta como ella, a su entera discreción, estime conveniente.

¿Y el Congreso no ve ningún problema con esto? ¡Por Dios!

EL ZAR

Esta Ley para la Revitalización elimina cualquier proceso de licitación en la venta de activos que pertenezcan a Puerto Rico, y pone todas las ventas en manos de personas designadas por el Presidente de EE.UU.

El Coordinador de Revitalización es "nombrado" por el Gobernador de entre los candidatos escogidos por la Junta.

Estas son las calificaciones que debe tener este zar de la privatización:

- conocimiento y peritaje sustancial en la planificación, predesarrollo, financiamiento y desarrollo de proyectos de infraestructura, disponiéndose que se dará mayor consideración a los candidatos que tengan experiencia en proyectos de infraestructura de energía;

- que actualmente no brinde, o en los pasados tres años calendario haya brindado, bienes o servicios al gobierno de Puerto Rico (y no sea cónyuge, padre o madre, hijo o hija, o hermano o hermana de un individuo que brinde o haya brindado bienes o servicios al gobierno de Puerto Rico en los pasados tres años calendario); y

- que no sea un oficial, empleado de o pasado oficial o empleado del gobierno de Puerto Rico en los pasados tres años calendario.

Cualquiera que esté familiarizado con los partidos políticos y con los políticos en Puerto Rico reconocerá que esto pretende descalificar a todas y cada una de las personas que han prestado servicios a esta administración, afiliada con el Partido Demócrata de EE.UU., y hacer elegible a las personas que hubieran trabajado para la administración pasada, cuyo Gobernador siempre ha estado afiliado al Partido Republicano de EE.UU.

Es imposible ser más obvio —a menos que el proyecto incluyera los nombres específicos—.

EL BUFÉ,

DIGO, LOS PROYECTOS CRÍTICOS

Cualquier "promotor de proyecto" (el proyecto no define el término, por tanto presumo que significa cualquier persona) puede proponer un proyecto al Coordinador y a la agencia concernida del gobierno de Puerto Rico.

La propuesta se presenta para que el proyecto sea considerado y catalogado como un "proyecto crítico". Así, se podría beneficiar de las disposiciones expeditas de procesamiento de permisos y de privatización de la PROMESA.

El Título V define "proyecto crítico" como uno que:

- se defina como un "proyecto crítico" por el Título V, y
- está "íntimamente relacionado con atender una emergencia, según definida en la Sección 1 de la Ley 76".

La Ley 76 se refiere a la Ley 76-2000 de Puerto Rico.[4]

Este segundo requisito confunde, ya que esta Ley para la Revitalización de Puerto Rico incluye su propia definición de "emergencia". ¿O se refiere a la definición de la Ley 76-2000 de "íntimamente relacionado"?

La propuesta debe:

- Describir el impacto que el proyecto propuesto tendrá sobre una emergencia (no está claro si es según definida en la Ley 76-2000 o en èsta Ley para la Revitalización de Puerto Rico).
- Informar la disponibilidad de capital privado inmediato.
- Detallar los beneficios económicos, incluyendo el número de empleos.
- Indicar su estatus, si ya está en progreso.
- Proveer criterios adicionales que el Coordinador o la Junta estimen apropiados.

No entiendo la disposición para un proyecto en progreso. Si está en progreso ya debe haber cumplido con todos los permisos y requisitos legales. Si no, no pudo haberse iniciado.

¿Cuál es propósito de este lenguaje? ¿A quién pretende beneficiar?

TODO LO QUE NECESITAMOS ES ENERGÍA

Si un proyecto propuesto es un "proyecto de energía", tiene seis requisitos adicionales, que son explicaciones de cómo el proyecto:

- reduce la dependencia en el petróleo para la generación de energía,
- mejora la infraestructura de producir energía y su eficiencia,
- agiliza la diversificación y conversión a gas natural y recursos renovables,
- desarrolla la utilización de los recursos de energía que hay en Puerto Rico,
- ayuda a la transición a generación privatizada, y
- cumple con los criterios adicionales que el Coordinador y la Junta estimen apropiados.

Los "proyectos de energía" tienen una definición increíblemente amplia: "aquellos que abordan la generación, distribución y transmisión de energía, gas natural y combustibles similares".[5]

Me permito hacer un solo comentario:

Puerto Rico ha estado haciendo la transición a gas natural como una de sus fuentes de energía. ¿Saben cuál es el gran escollo? La Ley Jones del 1920.[6] La Marina Mercante de EE.UU. no tiene embarcaciones que puedan transportar gas natural.

Por tanto, Puerto Rico no puede comprar gas natural de EE.UU., aun cuando esos productores tengan los precios más baratos: no hay barcos que puedan transportarlo legalmente a Puerto Rico.

¿QUÉ ES UNA EMERGENCIA?

Para calificar como un "proyecto crítico" que pueda beneficiarse del proceso expedito de privatización, un proyecto propuesto debe estar "íntimamente relacionado con atender una emergencia, según definida en la Sección 1 de la Ley 76-2000"de Puerto Rico.[7]

La Ley 76-2000 se promulgó para eximir a las agencias gubernamentales involucradas con el procesamiento de permisos de cumplir con los términos y procedimientos establecidos por diversas leyes, para proyectos que surgen como resultado de una declaración de emergencia que el Gobernador emita.

La Ley 76-2000 define una emergencia como:

cualquier grave anormalidad como huracán, maremoto, terremoto, erupción volcánica, sequía, incendio, explosión o cualquier otra clase de catástrofe o cualquier grave perturbación del orden público o un ataque por fuerzas enemigas a través de sabotaje o mediante el uso de bombas, artillería o explosivos de cualquier género o por medios atómicos, radiológicos, químicos o bacteriológicos o por cualesquiera otros medios que use el enemigo, en cualquier parte del territorio del Estado Libre Asociado de Puerto Rico, que amerite se movilicen y se utilicen recursos humanos y económicos extraordinarios para remediar, evitar, prevenir o disminuir la severidad o magnitud de los daños causados o que puedan causarse. De igual manera, el término emergencia comprende cualquier evento o graves problemas de deterioro en la infraestructura física de prestación de servicios esenciales al pueblo o, que ponga en riesgo la vida, la salud pública o seguridad de la población o de un ecosistema sensitivo.[8]

La Ley 76-2000 requiere que la Orden Ejecutiva del Gobernador establezca los criterios y parámetros que aplicarán a la emergencia. La orden "deberá establecer el área geográfica, la intensidad y extensión de los daños, y las obras públicas y funciones gubernamentales que deben ser reforzadas y protegidas con urgencia".[9]

A base de la Orden Ejecutiva, las agencias están autorizadas a establecer procedimientos alternos y términos para procesar de manera expedita los permisos, endosos, consultas y certificaciones relacionados con la solución de la emergencia declarada por el Gobernador. Esto aplica mientras dure la emergencia, y aplica a "obras que estén íntimamente relacionadas con el problema o que respondan a la solución inmediata de la situación creada por la emergencia".[10]

LA PERVERSIÓN

Comparen la definición de "emergencia" en la Ley 76-2000 con la definición en esta Ley de Revitalización de Puerto Rico:

> significa cualquier evento o problema grave de deterioro en la infraestructura física [que sirve] para la prestación

de servicios esenciales al pueblo, o que ponga en peligro la vida, salud pública o seguridad de la población o de un ecosistema sensitivo. Esto incluirá problemas en la infraestructura física para energía eléctrica, agua, alcantarillado, desperdicios sólidos, expresos o carreteras, puertos, telecomunicaciones y cualquier otra infraestructura similar.[11]

El proyecto usa como base para su "proceso expedito de permisos" la Ley 76-2000 de Puerto Rico. Incluso cita la última oración de la definición de la Ley de lo que es una emergencia para justificar el aumento en el número de proyectos que calificarían para un proceso expedito.

La Ley 76-2000 se aprobó para permitirle al Gobernador reaccionar rápidamente a emergencias creadas por huracanes, inundaciones, sequías, terremotos, maremotos y otras similares. La definición de la ley de emergencia y deterioro de infraestructura es en este contexto. Piensen, por ejemplo, en puentes que colapsan durante un huracán.

El gobernador debe establecer un área geográfica para la emergencia, la extensión de los daños e identificar las obras públicas que deben repararse.

La PROMESA toma ese lenguaje, lo extrae de su contexto y lo incluye en el Título V como si el deterioro de la infraestructura en sí fuera justificación suficiente para una emergencia. Entonces, el Congreso tiene la osadía de usar la Ley 76-2000 como una pantalla para violar las leyes de procesos de permisos y licitación pública en Puerto Rico.

¡Y todo esto, para vender propiedades que le pertenecen a Puerto Rico!

Y para asegurarse de que todo "promotor de proyecto" sepa lo que está disponible, la definición de emergencia en la PROMESA incluye infraestructura para energía, agua, alcantarillado, desperdicios sólidos, expresos o carreteras, puertos, telecomunicaciones y otra infraestructura similar. ¡Qué perversión!

SUS LEYES NO ME DAN LO QUE QUIERO

Hay leyes en Puerto Rico para llevar a cabo proyectos de la clase contemplada en este Título. Es solo en una emergencia que estos procesos cambian, porque la situación es urgente y extraordinaria, y la vida, la salud pública o la seguridad de los puertorriqueños están en riesgo inmediato.

Puerto Rico también tiene la Ley para las Alianzas Público-Privadas[12] bajo la cual este tipo de transacciones se deben evaluar y consumar. Pero esa ley requiere participación y vistas públicas, estudios de viabilidad y licitaciones públicas. No es una ley de privatización, porque no autoriza la transferencia de un activo propiedad del gobierno a un ente privado.

Pero esta PROMESA provee para la venta de los activos de Puerto Rico, y con carácter expedito.

LA TRANSFERENCIA QUE INTRIGA

La PROMESA provee para la transferencia a Puerto Rico de las tierras en Vieques (la isla municipio) que el Departamento Federal de la Defensa había transferido al Departamento Federal del Interior en el 2001.

Esta transferencia fue el resultado de las protestas y esfuerzos de Puerto Rico para detener los bombardeos que la Marina de Guerra de EE.UU. llevó a cabo en Vieques durante 60 años. El Congreso aprobó una ley para transferir parte de los terrenos en Vieques que habían estado bajo la jurisdicción de la Marina de EE.UU. al Departamento Federal del Interior.

También se le ordena al Departamento Federal de la Defensa que limpie las tierras que han sido bombardeadas, de artefactos explosivos, sustancias peligrosas y contaminantes, que incluyen napalm y uranio reducido. Ese trabajo está en proceso.

La Marina de EE.UU. transfirió una parte de las tierras al gobierno de Puerto Rico, pero la administra el Secretario Federal del Interior conforme a un acuerdo cooperativo adoptado entre Puerto Rico, el Fideicomiso de Conservación de Puerto Rico y el Secretario Federal del Interior.

Curiosamente, la PROMESA autoriza la transferencia a Puerto Rico de las tierras que la Marina había transferido al Departamento Federal del Interior, para que Puerto Rico pueda usarlas o transferirlas posteriormente.

El acuerdo del Departamento Federal de la Defensa para limpiar las tierras continuará aplicando luego de la transferencia. Más importante aún, declara que el acuerdo cooperativo no aplicará a las tierras recién transferidas.

Veamos:

- La PROMESA transfiere a Puerto Rico terrenos que muchos desarrolladores han estado "deseando".

- El Congreso generosamente otorga a Puerto Rico esta propiedad y le autoriza a Puerto Rico a transferirla más adelante a algún otro.

- También la excluye de la administración por parte del Secretario Federal del Interior, quien administra las tierras de Vieques que fueron transferidas al gobierno de Puerto Rico.

Recuerden cómo funciona este proceso de privatización. Casi todos los activos de Puerto Rico están disponibles en el menú, ya que toda propiedad relacionada con energía, agua, alcantarillado, desperdicios sólidos, expresos y carreteras, puertos, telecomunicaciones y otra infraestructura similar puede estar sujeta a una propuesta de privatización.

Por tanto, el Congreso añade al bufé y provee para que estos nuevos terrenos no estén sujetos a la administración de ninguna otra entidad.

Ello haría que su privatización fuera una pesadilla.

Avanza y muévete

La agencia del gobierno de Puerto Rico debe notificar al Coordinador el "proceso expedito de permisos" que ha aprobado, que es el proceso que requiere la Ley 76-2000 cuando el Gobernador ha declarado una emergencia.

El Coordinador, en consulta con la agencia, decidirá si un proyecto propuesto cumple con los criterios requeridos, y emitirá su recomendación a la Junta. La recomendación es respecto a si el proyecto se considerará un "proyecto crítico".

Si un proyecto se considera "crítico", tendrá derecho a beneficiarse del "proceso expedito de permisos".

En otra de las cosas extrañas que dispone este proyecto, la recomendación a la Junta debe incluir una recomendación por parte del Gobernador. Sin embargo, el proyecto nunca establece ningún procedimiento para que el Coordinador envíe ni la información de la propuesta, ni su propia evaluación sobre la propuesta, al Gobernador.

¿O será que la consulta que el Coordinador realiza con las agencias es paralela a la recomendación que la agencia hace al Gobernador? No entiendo esto.

La Junta tomará la decisión final sobre si el proyecto será un "proyecto crítico". El Gobernador solo hace una recomendación.

El Título V requiere que las agencias del gobierno de Puerto Rico operen como si el Gobernador hubiera emitido una orden ejecutiva para declarar una emergencia bajo la Ley 76-2000. El problema es que no hay ningún documento:

- que establezca el área geográfica sujeta a la emergencia,
- que establezca la intensidad y extensión de los daños, ni
- que identifique las obras públicas o funciones gubernamentales que deben reforzarse o protegerse con urgencia.

¿Qué guía tienen las agencias para diseñar sus "procesos expeditos de permisos"?

GOBERNADOR, SÁLGASE DEL MEDIO

Para que no quede duda sobre quién está a cargo de disponer y distribuir el bufé, el Zar tiene que aprobar cualquier acción que tome el Gobernador bajo la Sección 11 de la Ley 76-2000.

Esta sección autoriza al Gobernador a aprobar, enmendar y revocar reglamentos y órdenes ejecutivas, y cancelar los contratos que estime necesario durante una emergencia.

Si el Coordinador desaprueba una acción que el Gobernador tome, la Junta debe revisar la decisión. Si la Junta coincide con el Coordinador, la acción que el Gobernador tomó quedará anulada y sin efecto.

Por tanto, aquí está otra vez.

Un Coordinador y una Junta designada por el Presidente de EE.UU. mandan al Gobernador electo de Puerto Rico.

EL CONTROL NO TIENE FIN

A la Asamblea Legislativa maniatada se le requiere someter al Coordinador y a la Junta cualquier legislación que pueda afectar cualquier "proceso expedito de permisos". Y, nuevamente, si la Junta considera que afecta el proceso expedito, la legislación propuesta no llega a ninguna parte.

Ahora, a las agencias. No pueden incluir ningún término o condición que no sea requerida, si el Coordinador de Revitalización determina que pueda prevenir o impedir la construcción, operación o expansión expedita de un "proyecto crítico".

Los requisitos adicionales que las leyes de Puerto Rico dejan al peritaje de la agencia no pueden incluirse en ningún "proyecto crítico" si el Coordinador, a su entera discreción, decide que ello afectaría la celeridad de cualquier proyecto que estime crítico.

Aparentemente el Congreso no cree que haya lugar para peritaje en esta venta de liquidación de los activos de Puerto Rico.

ESAS NO CUENTAN

Como con los otros títulos del proyecto, el tribunal federal en Puerto Rico es el único tribunal con jurisdicción para determinar la validez de las acciones tomadas bajo este Título V.

Y, como es norma en esta PROMESA, otro recordatorio: "Las disposiciones de este título prevalecerán sobre cualquier disposición general o especial de leyes o reglamentos de Puerto Rico que sea incompatible con ellas".[13]

De vuelta al futuro con un gobierno que el Presidente de EE.UU. designa, con poderes y discreción ilimitados, como la Ley Foraker de 1900.

EL CINISMO

Estemos claros, toda decisión de la Junta se toma por una mayoría de votos: tres miembros. Tres personas designadas por el Presidente de EE.UU. sin participación de los puertorriqueños toman todas las decisiones conforme a la PROMESA, por encima de los funcionarios electos por los puertorriqueños.

Nosotros no votamos por el Presidente de EE.UU. Tampoco tenemos representantes en el Congreso.

Y, como si esto fuera poco, la PROMESA tiene el cinismo de declarar que es:

> el interés nacional de mejorar la infraestructura de Puerto Rico para electricidad, servicios de acueductos y alcantarillado, carreteras, puentes, puertos y manejo de desperdicios sólidos para lograr el cumplimiento con las leyes, reglamentos y políticas ambientales locales y federales, mientras se garantiza la continuidad de servicios adecuados para el pueblo de Puerto Rico y el desarrollo económico sostenible del Estado Libre Asociado.[14]

Esto es lo que entiendo de ese lenguaje: que beneficiaría al interés nacional de EE.UU.:

- apretar a los puertorriqueños con austeridad ilimitada,
- mientras se concede a las partes interesadas de EE.UU. un proceso de venta de liquidación de los activos de Puerto Rico,
- dirigido por un zar designado por personas que no fueron electas.

Foraker 21.

SIEMPRE PRESENTE

Este Título V de la PROMESA pudiera ser un reflejo de la creencia de sus autores de que el sector privado lo hace todo mejor. Podría ser una ayuda para los bonistas cuya propuesta a la AEE fue rechazada y ahora se les dará alguien más empático con quien negociar.

Pero, también me pregunto si esta prisa por privatizar la infraestructura de Puerto Rico para servicios de energía eléctrica, agua, expresos, carreteras, puertos y telecomunicaciones pueda ser porque es más fácil para el Departamento de la Defensa de EE.UU. interaccionar y llegar a acuerdos con entes privados que con el gobierno de Puerto Rico.

PRIVATIZACIÓN DESENFRENADA, AL ESTILO GRIEGO

Bajo su acuerdo de asistencia con el Fondo Monetario Internacional y otros acreedores, Grecia presentó una propuesta para privatizar muchos de sus principales y vitales activos nacionales y de infraestructura. La propuesta se hizo ante la presión de sus acreedores e incluyó activos que los acreedores habían pedido que se privatizaran.

Grecia creó una autoridad de privatización, el Fondo para el Desarrollo de los Activos de la República Helénica, que tiene a su cargo el Programa de Privatización de la República Helénica. Sus miembros son seleccionados por el Parlamento griego, aunque hay dos observadores que representan a los estados miembros de la eurozona. El Fondo para el Desarrollo de los Activos usa el dinero que recibe de las privatizaciones para reducir la deuda de Grecia.

Como pueden ver, el gobierno griego está a cargo de su programa de privatización, aun cuando los acreedores lo tienen agarrado por el cuello.

¿ALGUIEN NECESITA AYUDA?

Se ha establecido claramente que lo que los inversionistas privados de EE.UU. tienen que hacer cuando no pueden convencer al gobierno de Puerto Rico de que acceda a sus términos para una privatización es acudir al Congreso. Así, pueden recibir mediante legislación congresional lo que no pueden conseguir mediante negociación.

¡Negocio redondo!

Nuevamente, de vuelta al futuro.

[SEGUNDA PARTE]

Versión del 12 de abril de 2016

[6]

¿Menos colonialista?
¡Qué va!

"'CIUDADANOS AMERICANOS QUE VIVEN en Puerto Rico', nos preocupamos por ustedes. Nos preocupamos tanto, que queremos exprimirlos hasta sacarles todo el jugo".

Sí, claro... ¡Hay amores que matan!

El 12 de abril de 2016 se publicó la más reciente y menos colonialista versión de la PROMESA, el proyecto H.R. 4900:[1] el proyecto que llamo Foraker 21 por su regresión a las prácticas de principio del siglo 20 cuando teníamos un gobierno en Puerto Rico designado por el Presidente de EE.UU.

La versión 2 (Foraker 21, versión 2) tiene un poco más de sentido común que la versión 1 (F1). Por otra parte, como el Título V sobre la restructuración de la deuda tenía muy buen sentido, lo destriparon.

Claro que eso no nos sorprende.

Este capítulo discutirá los cambios que hubo del F1 al F2.

LOS UNOS Y LOS OTROS

Comenzaré diciendo lo que agradezco de esta versión: la honestidad de parte de los congresistas republicanos que han sido muy claros en establecer que hay "americanos" y, en otro renglón separado, hay "ciudadanos americanos que viven en Puerto Rico".[2] Es honesto de su parte decir que no nos consideran iguales.

El resumen[3] de esta nueva versión del proyecto y los comunicados[4] de prensa[5] establecen claramente que los riesgos de los "americanos" que compraron la deuda de Puerto Rico serán mitigados en la mayor medida en que sea posible, porque no se tolerarán riesgos para los "americanos" que surjan de la deuda de Puerto Rico.

Porque, como ven, hay emisores... y hay emisores. Los emisores "americanos" están protegidos por el Código Federal de Quiebra, y sus compradores "americanos" están sujetos a las pérdidas impuestas sobre ellos por el Código Federal de Quiebra.

Ningún miembro del Congreso se atrevería a decir jamás que las pérdidas sufridas por un comprador estadounidense que hubiera comprado valores de un emisor estadounidense que entra en un procedimiento de quiebra en EE.UU. constituyeron un rescate por parte de los contribuyentes estadounidenses al emisor estadounidense.

Pero los emisores de Puerto Rico no son emisores "americanos". Y estos congresistas lo están diciendo claramente, para que a nadie con una pizca de razón se le vaya a escapar el mensaje. Los "americanos que viven en Puerto Rico" están bien abajo en el orden jerárquico —si es que acaso llegamos a estar en la lista—.

Quien haya estado esperando otra cosa, es hora de que despierte. El lenguaje claro ayuda a establecer expectativas para el futuro.

Ahora, veamos el lenguaje que cimienta la diferencia: el ángulo colonialista.

Para mi sorpresa, el Congreso se ha atrevido a usar el concepto del colonialismo. El resumen de una página dice que el "lenguaje de la Junta" se "modificó" "para atender inquietudes respecto a que era demasiado colonialista".[6]

Todavía estoy atónita. Jamás pensé que vería este día.

EL TRASFONDO

El Congreso todavía se rehúsa a expresar claramente que las limitaciones impuestas por el estatus político tienen un impacto negativo sobre las perspectivas de crecimiento económico de Puerto Rico. Sin embargo, en la página de Internet del proyecto[7] el Comité al fin está dispuesto a reconocer que una de las causas de esta crisis lo son las "onerosas políticas reguladoras federales".[8] Como podrán percatarse, los dos sitiales de honor en la lista le corresponden a la Autoridad de Energía Eléctrica, pero esa prioridad es más bien una reflexión de los intereses de los acreedores en la AEE que una realidad.

Claro, esa frase sobre las "onerosas políticas reguladoras federales" podría referirse exclusivamente al salario mínimo y no a otra cosa, pero aun si el Congreso rehúsa admitirlo más explícitamente, las leyes que aprueba son extremadamente onerosas para Puerto Rico.[9]

Pasemos, pues, a los cambios.

Analizo la versión F2 del proyecto, presentado a la 1:43 p.m., el 12 de abril de 2016.

LA JUNTA

Estos son los cambios del F1 al F2:

- El número de miembros de la Junta aumentó. En lugar de cinco, ahora hay siete miembros, de manera que los líderes de la mayoría de cada cámara puedan proponer una lista de la cual el Presidente de EE.UU. deba seleccionar un miembro.
- Sin embargo, para contrarrestar este cambio, los votos necesarios para aprobación varían por acción, en lugar de ser por mayoría simple como antes.
- El Secretario del Tesoro se removió de la Junta.
- Las calificaciones para ser un miembro de la Junta no han cambiado, salvo que ahora incluyen "mercados de bonos municipales" como una de las áreas de peritaje que se pueden considerar en un candidato.

- Un nuevo párrafo autoriza sesiones ejecutivas de la Junta, cerradas al público.
- La segunda oficina de la Junta ya no tiene que ser en el Distrito de Columbia. Puede ser en cualquier lugar que la Junta estime conveniente. En realidad, pueden tener oficinas adicionales, en plural.

Cantemos todos juntos: New York, New York!

Esperen a que discutamos los cambios en los tribunales a cargo del proceso de restructuración y verán por qué.

- Elimina toda referencia a los derechos reservados a los empleados federales que se transfieran a trabajar para la Junta, así como la incorporación de empleados reclutados por la Junta en algunos programas para empleados federales.
- La Junta aún puede aceptar dádivas, pero el F2 ahora requiere que las dádivas y las identidades de los donantes sean divulgados públicamente dentro de un plazo de 30 días.

Me estremece pensar en cuántas transacciones se pueden cerrar en 30 días.

- Añade una sección que requiere a la Junta y su personal que cumplan con los requisitos federales de conflictos de interés, así como con los requisitos de divulgación de situación financiera.[10]

Aunque este F2 se refiere al "los requisitos Federales de conflicto de interés descritos en la sección 2018 del título 18 del Código de EE.UU.," la referencia correcta debía ser a la sección 208. No existe una sección 2018 en el título 18.

- La responsabilidad de aplastar la oposición se transfirió (aparentemente) al gobierno de Puerto Rico. La Junta ya no tiene la autoridad de implantar la ley contra las huelgas o cierres por parte de los empleados públicos, pero puede "garantizar su pronta implantación".[11]

- Un nuevo párrafo declara que es aceptable para la Junta cualquier acuerdo voluntario al que llegue el gobierno de Puerto Rico con los acreedores antes de la aprobación de la ley.

- Los empleados del gobierno de Puerto Rico no están sujetos a la multa de $1,000 por ofrecer información falsa a la Junta (recuerden que originalmente hubieran estado sujetos a un año de cárcel, y el F1 eliminó la penalidad de cárcel, pero no la multa). Ahora estarían sujetos a las disposiciones del Código Penal de Puerto Rico.

- El Tribunal Federal del Distrito de Columbia, así como el Tribunal de Apelaciones para el Distrito de Columbia, se eliminaron como tribunales con jurisdicción. Ahora será el Tribunal Federal de Distrito de Puerto Rico. También se eliminó la limitación extrema para presentar peticiones ante el

Tribunal Supremo de EE.UU. (que el F1 había fijado en 10 días, de 90).

• Añade como requisito que la Junta trabaje con la oficina del Contralor de Puerto Rico para mantener un registro de todos los contratos que el gobierno de Puerto Rico ejecute.

Este proyecto no requiere que los contratos que la Junta ejecute se divulguen públicamente.

• Se concede a la Junta la autoridad para aprobar "ciertos contratos" que no se definen. También incluye una sección en que el Congreso informa que "es su impresión" que la intervención de la Junta en los procesos de contratación es para hacerlos más efectivos, aumentar la confianza pública en los procesos y evitar burocracia adicional.[12]

¿"Aumentar la confianza pública en los procesos de contratación" cuando los contratos de la Junta son secretos? ¿En serio?

• Una nueva disposición prohíbe a la Junta impedir el cumplimiento con programas o decretos de consentimiento federales.
• La Junta puede hacer recomendaciones directo al Congreso para cambiar leyes o reglamentos federales, o para que el gobierno Federal tome acciones que puedan ayudar a Puerto Rico a cumplir con el

Plan Fiscal. No tiene que ir por conducto del Presidente, como era bajo el F1.

- La Junta también debe proveer al Presidente de EE.UU., el Congreso, el Gobernador y la Asamblea Legislativa un informe sobre el uso de su presupuesto y de las dádivas que reciba.
- Elimina el control que el F1 le había concedido a la Junta sobre los acuerdos de exención contributiva. También añadió una prohibición que impide a la Junta divulgar cualquier información que el Gobernador provea a la Junta respecto a los acuerdos de exención contributiva.

Sospecho que las multinacionales y las farmacéuticas tuvieron algo que ver con este cambio.

- Respecto a los otros territorios de EE.UU., el Congreso añadió un requisito que establece que se designaría una Junta para ellos solo si sus legislaturas adoptaran una ley requiriéndola. Por supuesto, como dicta la cláusula territorial, en otra sección, el Congreso se reserva el derecho de imponer una si estima que debe hacerlo.

EL FINANCIAMIENTO PARA LA JUNTA

- Se elimina la autorización a la Junta para emitir bonos para financiar sus operaciones.
- Igualmente se elimina la asignación del Congreso para pagar por los profesionales necesarios.

EL TÉRMINO DE LA JUNTA

- Se eliminaron las disposiciones en el F1 que proveían para que la Junta continuara supervisando el proceso del presupuesto para siempre.
- Ahora, debe haber presupuestos balanceados por cuatro años consecutivos, en lugar de cinco, para que la Junta cese sus operaciones.

Estos cambios no son suficientes para hacer que el F2 sea menos "colonialista" que el F1. Y los demás cambios que se hicieron en el F2 neutralizan estos cambios a la Junta.

PROCESO DE APROBACIÓN DE
LOS PLANES FISCALES Y PRESUPUESTOS

Estas secciones se enmendaron para hacerlas más claras, ya que la sección que proveía para la aprobación del Plan Fiscal en el F1 era casi ininteligible.

- El F2 requiere que el Gobernador provea un Plan Fiscal de al menos cinco años. El propósito del Plan Fiscal es "proveer un método para lograr responsabilidad fiscal y acceso a los mercados de capital".[13] Algunos de los nuevos requisitos para un Plan Fiscal incluyen:
  - presentar un análisis de sustentabilidad de la deuda;
  - proveer para los gastos de capital e inversiones necesarios para fomentar el crecimiento económico; y

- en la medida en que sea posible, adoptar las recomendaciones que la Junta presente al gobierno de Puerto Rico.
- Elimina el requisito de que se notifique al Congreso y el Presidente de EE.UU. si el Plan Fiscal y los presupuestos se preparan por consenso entre el Gobernador, la Asamblea Legislativa y la Junta.
- Ahora es la Junta quien preparará los estimados de recaudos para los presupuestos, no el Gobernador y la Asamblea Legislativa, como era en el F1.
- Provee para que haya presupuestos separados para las instrumentalidades y el gobierno central. A menos que la Junta decida que quiere supervisar y aprobar el presupuesto de una instrumentalidad, dicho presupuesto no tendrá que someterse a la Junta para aprobación. Esto aplica solo si el presupuesto de la instrumentalidad no tiene que presentarse al Gobernador para aprobación.

¿Quieren saber mi sospecha? Creo que hicieron esto para proteger a los acreedores de la AEE y su negociación de que la Junta vaya a trastocar sus presupuestos y sus acuerdos.

Dos comentarios:

Encuentro el requisito de un análisis de la sustentabilidad de la deuda el más interesante. Los principales expertos en estos análisis están en el Fondo Monetario Internacional (FMI), y aun ellos se equivocan a veces (miren lo que le hicieron a Grecia). ¿Quién va a preparar el análisis requerido en este Plan Fiscal? ¿De dónde van a salir estos expertos? ¿Serán exempleados del FMI? ¿Empleados del FMI a petición del gobierno de EE.UU. para beneficiar a su jurisdicción subnacional, Puerto Rico?

En el F1, la Junta podía decidir, unilateralmente mediante el voto de tres personas no electas, implantar cualquier cambio en las leyes, procedimientos, reglamentos, opiniones del tribunal y las operaciones de Puerto Rico, y cualquier cosa que ellos, a su entera discreción, pensaran que era una buena idea. Esta versión elimina esa disposición. Pero, el canjeo es este nuevo requisito de que el Plan Fiscal, en la mayor medida en que sea posible, tiene que adoptar las recomendaciones que la Junta presente al gobierno de Puerto Rico. ¿Qué creen que pasará?

Si el gobierno de Puerto Rico no aprueba las recomendaciones que la Junta quiere implantar, la Junta no aprobará el Plan Fiscal o el Presupuesto. Y, ciertamente, no aprobará una certificación de restructuración.

No importa lo que diga el Congreso, el poder absoluto sobre el gobierno y la política pública de Puerto Rico no cambió en nada.

VIEQUES, LA TRANSFERENCIA QUE INTRIGA

El F2 eliminó la disposición que establecía que las tierras transferidas a Puerto Rico podían transferirse para adelante. Sin embargo, añade una restricción respecto al propósito de dichas transferencias, aunque el proyecto tiene un error y está tan mal redactado, que no hay forma de saber para qué propósitos Puerto Rico puede usar las tierras transferidas.

LOS SALARIOS PERMANECEN BAJOS... PARA SIEMPRE

El F1 disminuyó el salario mínimo para cada puertorriqueño permanentemente al autorizar el salario de $4.25 por hora para trabajadores de menos de 25 años, e impedir que se puedan ejecutar en Puerto Rico los reglamentos del Departamento Federal del Trabajo que actualizan los reglamentos de tiempo extra.

Para los trabajadores más jóvenes, el F2 mantiene la autorización para pagar $4.25, pero ahora requiere que el Gobernador designe un periodo de tiempo no mayor de cinco años durante el cual aplicaría este salario disminuido.

Como era de esperarse, la decisión está sujeta a la aprobación de la Junta.

El F2 limita la disminución del salario de los trabajadores jóvenes a cinco años, pero mantiene la disposición que establece que los nuevos reglamentos sobre tiempo extra no se pueden implantar en Puerto Rico. Por tanto, los salarios de los puertorriqueños continúan deprimidos por decisión del Congreso de EE.UU.

[7]

La simplificación
no es su estilo

ESTE CAPÍTULO DISCUTIRÁ los cambios que el F2 hizo a las disposiciones relacionadas con la suspensión de litigios, el proceso de privatización por la vía rápida y la restructuración de la deuda.

LA SUSPENSIÓN DE LITIGIOS

- Se reduce la suspensión de 18 meses a 10, con una fecha específica de terminación: 15 de febrero de 2017.
- Aclara que la suspensión no aplica a la implantación de ningún "acuerdo de apoyo a una restructuración" que el gobierno haya ejecutado previo al momento en que se aprueba la Ley.

Esto es para el acuerdo de la AEE.

EL ZAR

Como este título era el más beneficioso para los intereses de los inversionistas, cambió muy poco. Y los cambios fueron para hacer el mecanismo de vía rápida aún más rápido:

- La Junta debe proveerle al Gobernador los nombres de los candidatos al puesto de zar de privatización dentro de un plazo de 60 días luego del nombramiento de cuatro de sus miembros.
- El Coordinador de Privatización se puede remover sin causa.
- Sin embargo, el zar permanece en su lugar hasta que se completen los proyectos críticos y no solo mientras la Junta opere, como era bajo el F1.

Por tanto, Puerto Rico puede estar sin la Junta, pero mantener el zar.

- Añade que las peticiones para que un proyecto se considere un proyecto crítico solo se pueden someter mientras la Junta esté operando.

Tuvieron que incluir esta disposición ya que bajo del F2 puede haber un Coordinador sin una Junta.

- El F2 añade un requisito a las propuestas para proyectos críticos de energía y ahora los proponentes deben indicar cómo el proyecto "reducirá los costos de energía para los abonados que pagan tarifas y aumentará la disponibilidad de energía asequible".[1]

- Se clarificó el proceso de evaluar las propuestas y el F2 requiere que el Coordinador de Revitalización consulte con el Gobernador y que incluya las recomendaciones del Gobernador en su informe.

- Añade el requisito de que si el proyecto propuesto se relaciona con los sistemas de transmisión o distribución de la AEE, la Comisión de Energía de Puerto Rico debe brindar una recomendación.

- Adopta como requisito que los proyectos críticos se prioricen en todas las agencias.

- Añade que todos los informes y justificaciones sobre cada propuesta de proyecto se hagan públicos dentro de un plazo de cinco días luego de completado el análisis.

- El Tribunal Federal en Puerto Rico ya no tiene jurisdicción exclusiva.

UN NUEVO INFORME

El F2 incorpora una sección que enmienda la Ley de Asignaciones Consolidadas y Continuadas de 2015 (*Consolidated and Further Continuing Appropriations Act of 2015*).[2] Esta ley requería que, en el caso de las "áreas insulares" (definición que incluye a Puerto Rico), el Secretario del Departamento del Interior de EE.UU. preparara un "plan de acción de energía" para atender las necesidades de energía de Puerto Rico, y ayudara a Puerto Rico a implantar el plan.[3] Originalmente, el plan tenía que haberse desarrollado para junio de 2015.

El "plan de acción de energía" debía incluir:

1. Recomendaciones, basadas en el plan comprensivo de energía (cuando aplique), para:

   a. Reducir la dependencia y los gastos en combustible enviado a Puerto Rico de puertos fuera de EE.UU.

   b. Desarrollar y utilizar fuentes domésticas de combustible energético.

   c. Mejorar el funcionamiento de la infraestructura de energía y la eficiencia general en el uso de energía.

2. Un calendario para la implantación de dichas recomendaciones y la identificación y priorización de los proyectos específicos.

3. Un plan financiero y de ingeniería para implantar y sostener los proyectos.

4. Criterios de medición para avaluar el progreso del proceso de implantación.[4]

El plan de energía comprensivo hace énfasis en "fuentes indígenas de energía renovable" de manera que se pueda minimizar la dependencia en la importación de energía.

El F2 enmienda la Ley de Asignaciones Consolidadas y Continuadas de 2015:

- Para extender el desarrollo del plan a 180 días después de la aprobación de la PROMESA.

- Y para transferir la responsabilidad de preparar el informe al Secretario del Departamento de Energía de EE.UU.

No había razón para incluir a Puerto Rico en la definición de áreas insulares, ni para requerirle al Secretario del Interior que prepare el informe: el Departamento del Interior no tiene jurisdicción sobre Puerto Rico.

LA RESTRUCTURACIÓN

Destriparon el proceso racional del F1. Los cambios en el F2 son:

- Si la Junta entiende que el tribunal federal en Puerto Rico no manejará debidamente los casos de las peticiones de restructuración, puede presentar la petición en el tribunal de distrito de donde tiene cualquiera de sus oficinas.

New York! New York!

- Añade tres nuevos requisitos antes de que la Junta pueda emitir un certificado de restructuración.
- Aumenta a cinco el número de miembros de la Junta que deben aprobar una petición para un certificado de restructuración.
- Elimina la facultad para que la Junta emita peticiones conjuntas y planes de ajustes para deudores afiliados.
- Solo el deudor puede someter un plan de ajuste y sus modificaciones —en el F1 era la Junta—.
- Para cada paquete de bonos, añade una cláusula de acción colectiva que requiere dos terceras partes de los bonistas.

- Cada emisor debe tener al menos un paquete de bonos.
- Los bonos asegurados por un gravamen sobre alguna propiedad serán de un mismo paquete.
- Los paquetes de bonos se establecerán por colateral, prioridad, garantías y fuentes de ingresos.
- Se pueden hacer modificaciones si al menos dos terceras partes de los bonistas dueños de la cantidad de principal adeudada de los bonos en el paquete votan a favor.
- Antes de llevar la modificación propuesta a votación, cada emisor debe consultar con el grupo del paquete que se verá afectado por la modificación.

Las cláusulas de acción colectiva autorizan la enmienda de los términos de pago de una emisión de bonos si una mayoría (o supermayoría) de los bonistas acepta. Hay tres tipos principales de cláusulas de acción colectiva: (1) en una mayoría por series, debe haber una votación por serie de bonos y la restructuración de cada serie puede proceder si una mayoría de los bonistas en cada serie acepta; (2) en una mayoría agregada de dos niveles, debe haber aceptación de los bonistas de una mayoría por series y de una mayoría de todos los bonos pendientes en el agregado; y (3) una mayoría agregada de un solo nivel vincula a todos los bonistas si una mayoría de bonistas de todos los bonos pendientes agregados están a favor de la restructuración. En el F2, la cláusula de acción colectiva es la de mayoría por serie (para cada paquete de bonos).

- Se eliminó el requisito de que el juez federal remitiera al Tribunal Supremo de Puerto Rico todos los asuntos sujetos a la ley de Puerto Rico y sobre los que el Tribunal Supremo de Puerto Rico no hubiera emitido una opinión final y firme.

Mi comentario:

Anticipo que habrá jueces federales, que podrían ser de un tribunal federal en cualquier distrito, que pueden no saber nada de derecho civil, interpretando la ley de Puerto Rico. Esto se debe a que la certificación de asuntos de la ley de Puerto Rico al Tribunal Supremo de Puerto Rico se relaciona con la doctrina de abstención de los tribunales federales. Era mucho más fácil y costoefectivo para cada litigante que el requisito de certificación fuera obligatorio.

Ahora bien, la certificación muy bien podría ser objeto de litigio, como parte de una petición para que el tribunal federal se abstenga de decidir un caso. La petición se presentaría porque el 95% de la deuda de Puerto Rico se ha emitido conforme a la ley de Puerto Rico. La certificación obligatoria liquidó cualquier argumento a favor de la abstención.

Podría haber una posibilidad remota de que esto también se pueda interpretar como una forma de forzar a los litigantes hacia los tribunales de Puerto Rico, ya que prácticamente toda restructuración se debe hacer bajo la ley de Puerto Rico y el Tribunal Supremo de Puerto Rico nunca ha interpretado ninguna de esas disposiciones.

Pero, como habrán deducido, mi escepticismo es muy alto, por lo que me resulta bastante difícil creer que esta sea la razón. Creo que el propósito es tener a los jueces federales de Nueva York interpretando la ley de Puerto Rico, aunque sea por primera vez.

Me pregunto: ¿qué juez piensan los acreedores que les va a tocar? ¿El que favoreció a los acreedores de Argentina y que trastocó el mercado mundial de deuda soberana?

NUEVAS DISPOSICIONES SIN SENTIDO

Hay un nuevo párrafo en las determinaciones del Congreso sobre las causas de la crisis que repite las mismas razones de mal manejo fiscal, ineficiencias y endeudamiento excesivo. Por supuesto, no dice nada sobre la contracción económica, las limitaciones que Puerto Rico enfrenta en una economía globalizada o los altos costos de producción debido a las "onerosas políticas regulatorias federales".

El Congreso sigue insistiendo en que para generar crecimiento económico basta con usar un acercamiento que aborde los problemas fiscales, administrativos y estructurales que "no exima ninguna parte del gobierno de Puerto Rico", esté bajo la "autoridad legal federal" y pueda restructurar la deuda.[5]

Pero, me permito añadir, que no provee nada para desarrollo económico.

Otro párrafo nuevo sobre los propósitos del proyecto repite las mismas razones y añade este subpárrafo que no dice nada, y dice mucho. En mi opinión, el mejor párrafo de todo este F2:

> ...beneficiar las vidas de 3.5 millones de ciudadanos americanos que viven en Puerto Rico fomentando que el gobierno de Puerto Rico resuelva sus persistentes asuntos fiscales y de gobernanza y retome el crecimiento económico.[6]

¿No es extraordinario este lenguaje?

Me encantaría saber cómo es que resolviendo sus asuntos fiscales Puerto Rico puede, sin más ni más, retomar su desarrollo económico. Si el Congreso de EE.UU. sabe, ¿por qué no me lo dice?

DE VUELTA AL FUTURO

En la práctica, esta versión afloja microscópicamente el control que el F1 le había dado a la Junta sobre el gobierno de Puerto Rico. Sin embargo, la Junta todavía tiene el poder definitivo sobre el gobierno y la política pública, de manera que será muy difícil para la Junta evadir su responsabilidad por los resultados. ¿Es eso lo que quieren?

Lo cierto es que el Congreso de EE.UU. se aseguró de que cualquier y todo daño que resulte como consecuencia de las decisiones que tome la Junta serían pagados por el gobierno de Puerto Rico (ver el capítulo 1). ¿Usará la Junta el control

*plenario que el Congreso de EE.UU. le está asignando sin
aceptar responsabilidad por los errores que va a cometer?*

Y este desagradable proceso también ha hecho obvio el
asunto más importante de todos: la necesidad de cambiar el
estatus político de Puerto Rico. Aun cuando quiera negarlo,
históricamente EE.UU. ha subsidiado sectores de la
economía de Puerto Rico, porque eso es lo que las metrópolis hacen con sus economías coloniales ya que extraen
suficiente dinero de los sectores no subsidiados. Solo un
ejemplo, puesto que este no es el tema de este libro:
Puerto Rico tiene el equivalente de menos de 1% de la
población de EE.UU., sin embargo genera 25% de los
ingresos reportados por la industria de la marina mercante
de EE.UU.[7]

Las economías coloniales responden a las necesidades
de las metrópolis, eso es lo que se llama mercantilismo. Por
esto es que Puerto Rico hoy tiene muy pocos sectores
productivos, y la economía diversificada y basada en expor-
taciones que era cuando EE.UU. invadió a Puerto Rico se ha
limitado a una industria: la farmacéutica.

Si EE.UU. no quiere subsidiar ningún sector de la
economía de Puerto Rico, entonces debería estar listo para
abrir el debate sobre el estatus político de manera que
Puerto Rico pueda tener las herramientas que necesita para
competir en la economía global del hoy.

Pero hablo de abrir el debate seriamente, sin perseguir a
los proponentes y defensores de ningún estatus aceptable
para la comunidad internacional, como ha hecho EE.UU.

con los independentistas puertorriqueños desde que invadió a Puerto Rico en el 1898.

Usar el cuco de los "rescates" no resuelve el problema. Genera intolerancia y odio, pero no acerca a nadie a una solución.

Si EE.UU. insiste en mantenerle los grilletes puestos a Puerto Rico y mantener su economía enjaulada, este proyecto es solo el capítulo más reciente de la saga y, definitivamente, no es el final.

[8]

Desde que se inventaron las excusas...

LA NUEVA ITERACIÓN DE LA PROMESA todavía se está renegociando en el Congreso de EE.UU. Según los partes de prensa, esperan que esté listo para junio o julio.

Ese calendario ciertamente complica las cosas: el 1 de julio de 2016 vencen los pagos de varias emisiones de bonos por un total de $2 mil millones. Puerto Rico no tiene el dinero para pagar. Este incumplimiento sería el más grande jamás visto en el mercado de bonos municipales de EE.UU. y sus repercusiones no se pueden anticipar del todo.

Aunque yo esperaría que los reguladores federales se hayan preparado ya para esta eventualidad desde hace algún tiempo. Especialmente porque algunos analistas han estado anticipándolo por años.

Las razones que dan los miembros del Congreso para oponerse a la aprobación de un mecanismo para restructurar la deuda de Puerto Rico son dos:

1. La aplicabilidad retroactiva de la restructuración, lo cual es una tontería, ya que:
   a. todas las leyes de quiebra aprobadas por el Congreso de EE.UU. siempre se han aplicado retroactivamente,
   b. el Tribunal Supremo de EE.UU. ha declarado dicha aplicación legal, y
   c. todas las leyes de quiebra aplicaban a Puerto Rico hasta la exclusión inexplicable y sin razón en el 1984.

2. Que dicha restructuración establecería un precedente para los estados, particularmente para Illinois; más tontería, ya que:
   a. los estados son estados y Puerto Rico es un territorio, y
   b. los territorios están sujetos a la despótica cláusula territorial, que aplica solo a los territorios y no a los estados.

Discutamos estas dos objeciones con más detalle.

QUIEBRA RETROACTIVA

Toda ley de quiebra que el Congreso de EE.UU. ha aprobado, desde la primera en el 1800, se ha aplicado retroactivamente, es decir, a préstamos otorgados antes de que hubiera una ley de quiebra.

Durante más de 200 años la práctica y precedentes de quiebras en EE.UU. ha sido la de presentar todos los reclamos de los acreedores a la quiebra, independientemente de cuándo se hubieran otorgado los préstamos.

Entonces, ¿por qué algunos miembros del Congreso están tan espantados por la implantación de un proceso de restructuración para la deuda de Puerto Rico?

Desde que se aprobó la primera ley de quiebra municipal federal en EE.UU. en el 1934, y hasta la inexplicable prohibición de 1984, las entidades gubernamentales de Puerto Rico podían presentar una declaración de quiebra al amparo del Código de Quiebras de EE.UU.

No fue hasta el 1984 cuando el Congreso, mediante un lenguaje que insertó el senador Strom Thurmond, sin ninguna discusión pública o explicación para el récord, prohibió que las entidades gubernamentales de Puerto Rico declararan quiebras.

Pero, así como el Congreso lo da, el Congreso lo quita; lo que el Congreso quita, también lo puede volver a dar.

HAGAMOS UN POCO DE HISTORIA

El argumento que usan estos miembros del Congreso ignora el precedente del Tribunal Supremo de EE.UU., la práctica de quiebra de antigüedad centenaria, y es un argumento para limitar los poderes del Congreso para aprobar leyes de quiebra en EE.UU.

Y es también un llamado para una expansión despótica del
mandato congresional sobre Puerto Rico.

Permítanme explicarme. Las leyes de quiebra en EE.UU. siempre se han aplicado retroactivamente, comenzando con la primera que se aprobó en el 1800. Esto se hizo por necesidad, ya que todas, hasta el Código de Quiebra de 1978, fueron aprobadas como respuesta a serios desastres financieros. La Ley de Quiebra de 1841 fue la primera en disponer para la declaración de quiebra voluntaria por un deudor, y aplicaba a todas las personas con deudas.

La primera legislación de quiebra municipal se aprobó en el 1934 durante la Gran Depresión, se revisó en el 1937, fue confirmada por el Tribunal Supremo en 1938, y aplicaba a la deuda existente.

Lo que ha dicho el Tribunal Supremo de EE.UU.

En el 1982, el Tribunal concurrió con el argumento de que la facultad que la cláusula de quiebra le concede al Congreso "constantemente ha sido interpretada como que autoriza el incumplimiento retroactivo de obligaciones contractuales", y citó un caso de 1902.[1]

Los tribunales inferiores habían considerado el asunto de la retroactividad anteriormente, y:

> las decisiones de tribunales federales inferiores en general indicaban que las disposiciones de retroactividad de las enmiendas no eran problemáticas constitucionalmente, sobre la base de que la facultad de

declarar quiebra necesariamente conlleva la facultad de retroactividad para poder afectar obligaciones contractuales incumplidas y otros gravámenes similares.[2]

El Tribunal Supremo ha sostenido que no hay prohibición constitucional para aprobar leyes de quiebra federal retroactiva que incidan en los derechos contractuales, ya que la prohibición de la Cláusula de Contratos de la Constitución solo aplica a leyes aprobadas por los estados. Por tanto, no hay prohibición constitucional para aprobar una ley de quiebra federal que aplique a deuda emitida antes de que la ley fuera aprobada.

Por más de 200 años la legislación federal se ha aplicado retroactivamente. Durante al menos 170 años la legislación federal se ha aplicado retroactivamente a acreedores de deudores que han presentado una petición voluntariamente.

En el caso de entidades gubernamentales, por 77 años: desde que se aprobó por primera vez, cuando aplicaba a las entidades gubernamentales de Puerto Rico.

LAS RAZONES

El propósito de estos argumentos absurdos sobre la quiebra retroactiva, que van en contra de la aplicación histórica y el precedente legal, es que alguien (es decir, por supuesto, Puerto Rico) le compense a los acreedores las pérdidas que sufrieron en otras quiebras de Capítulo 9. Esa es la razón que para todos los efectos los representantes de los inversionistas le dijeron al Congreso en una vista el 26 de febrero de 2015.[3]

El testimonio escrito de uno de sus representantes[4] indica que "el Capítulo 9 perjudica a los bonistas", y detalla "cuán malamente" se afectaron con las quiebras de Detroit, Stockton, Vallejo y el condado de Jefferson. El testimonio oral repitió el argumento y abrazó la idea de la sorpresa, ignorando décadas de precedente judicial y siglos de aplicación de la ley de quiebra en EE.UU.

No es difícil concluir por qué hacen estas declaraciones sobre pérdidas en quiebras previas.

Un precedente para los 50 estados

La segunda razón que presentó el Congreso de EE.UU. es que las decisiones respecto a Puerto Rico, que se toman bajo los poderes plenarios que la cláusula territorial, pueden establecer precedentes para los estados.

Parece que los poderes plenarios de la cláusula territorial son tan abarcadores que aplican no solo a los territorios sino también a los 50 estados.

Me han dicho que tener un precedente ayudaría a prevenir cualquier excusa por la línea de que "esto nunca se había hecho antes", lo cual es cierto.

Pero eso todavía no explica cómo ese mismo Congreso declara que le preocupa que se vaya a establecer un precedente para los 50 estados bajo la cláusula territorial y, a la vez, ignora precedentes muy claros bajo la cláusula de quiebra porque no le conviene.

En términos generales, no creo que haya necesidad de basar una solución en precedentes por:

* la naturaleza de los poderes plenarios del Congreso sobre Puerto Rico,
* la naturaleza de la cláusula territorial, y
* las interpretaciones del Tribunal Supremo de EE.UU.

La Cláusula Territorial

La Sección 3 del Artículo IV de la Constitución de Estados Unidos dice:

> El Congreso tendrá el poder para disponer de y crear todas las normas y reglamentos necesarios respecto a los territorios y otras propiedades que le pertenecen a Estados Unidos, y nada en esta Constitución se podrá interpretar como que menoscabe cualquier reclamo de Estados Unidos, o de cualquier estado en particular

Cuando España cedió Puerto Rico a EE.UU. bajo el Tratado de París de 1898 que puso fin a la Guerra Hispanoamericana, el estatus legal de Puerto Rico respecto a EE.UU. quedó indefinido.[5]

EE.UU. había estado interesado en lograr el control de Puerto Rico por su incomparable ubicación geográfica que daba a EE.UU. grandes ventajas comerciales y militares.

No fue hasta el 1901 en la primera de una serie de decisiones del Tribunal Supremo de EE.UU. que se determinó el estatus legal de Puerto Rico y de los puertorriqueños. Esta serie de casos se llaman los Casos Insulares.[6]

En estos casos, el Tribunal Supremo de EE.UU. decidió que Puerto Rico era un territorio sujeto a la cláusula territorial.

Creó una nueva categoría de "territorio" que difería de todos los otros territorios con los que EE.UU. había bregado en su incesante esfuerzo de expansión hacia el oeste: lo que el Tribunal Supremo llamó un "territorio no incorporado".

El Tribunal consideró a Puerto Rico un territorio cuyos habitantes eran tan diferentes de la población de EE.UU. que no podía ser aceptado como parte de EE.UU. En términos prácticos, que no podía estar en vías de la estadidad.

Sin embargo, como EE.UU. había adquirido a Puerto Rico como botín de guerra, el Tribunal Supremo de EE.UU. consideró que no era prudente limitar los poderes que las ramas ejecutiva y legislativa debieran tener en su administración y control de este territorio.

Con el tiempo, esto dio lugar a la teoría de que Puerto Rico "pertenece a, pero no es parte de, EE.UU.".

Ni siquiera la naturalización colectiva en el 1917 cambió la conclusión del Tribunal Supremo. El Tribunal incluso acabó sosteniendo que los puertorriqueños podían tratarse de manera diferente que los otros ciudadanos de EE.UU., porque vivimos en un territorio que podía tratarse de manera diferente.

Piénsenlo: es la misma teoría legal que se usaba para los siervos en la Edad Media. Nuestros derechos dependen de en qué parte de EE.UU. estemos. Tan pronto los puertorriqueños nos mudamos a EE.UU. tenemos derechos que no tenemos

*viviendo en Puerto Rico —derechos que emanan de la
ciudadanía estadounidense que el Congreso de EE.UU. nos
impuso unilateralmente en el 1917; pero derechos que desapa-
recen cuando estamos en suelo puertorriqueño—.*

Este tratamiento distinto es consecuencia de lo que el
Tribunal confirmó que era el poder plenario que el Congreso
de EE.UU. tiene sobre los territorios, basado en el lenguaje
expansivo de la cláusula territorial.

NINGUNA SEMEJANZA

Este es un resumen muy general del enigma que es para
EE.UU. el estatus político y los derechos legales de los
puertorriqueños.

Pero, aun tan somero como es, está claro que las disposiciones legales que rigen el lugar que ocupa Puerto Rico en el
orden constitucional de EE.UU. son muy diferentes de los
derechos y normas que aplican a un estado.

En un país federado, un estado se considera cosoberano
con el gobierno federal. El gobierno federal tiene los
derechos que los estados le han cedido, y más ninguno.

Puerto Rico es subsoberano. Está por debajo del
gobierno federal en la jerarquía, e incluso por debajo de los
cosoberanos. Bajo el precedente legal establecido por el
Tribunal Federal de EE.UU, Puerto Rico no tiene poder
alguno para ceder, sino, por el contrario, solo tiene el poder
muy limitado que su metrópolis y el Congreso de EE.UU. se
han dignado darle.

Para que una decisión tomada bajo la cláusula territorial sea aplicable a uno de los 50 estados, el estado deberá haber decidido voluntariamente acompañar a Puerto Rico y someterse a la ignominia de los poderes plenarios de la cláusula territorial.

El argumento lanzado a diestra y siniestra por los miembros del Congreso es tan absurdo que es vergonzoso.

[TERCERA PARTE]

Versión del 18 de mayo de 2016

[9]

Un poco de mercadeo

EL CUARTO BORRADOR DE LA PROMESA[1] tiene un nuevo número de proyecto, H.R. 5278, y seis cambios principales al compararse con la versión del 12 de abril:

1. Cambia (¡una vez más!) cómo se escogen los miembros de la Junta.
2. Requiere a la Oficina de Rendición de Cuentas de EE.UU. (*Government Accountability Office* [GAO, por sus siglas en inglés]) que prepare un informe sobre los programas de la Administración Federal de Pequeños Negocios (*Small Business Administration* [SBA, por sus siglas en inglés]) en Puerto Rico.
3. Requiere a la GAO que prepare un informe sobre si el reglamento del pago de tiempo extra afectaría negativamente la economía de Puerto Rico antes de que dicho reglamento se pueda implantar para los trabajadores puertorriqueños.
4. Crea un grupo de trabajo congresional para trabajar con los cambios que se deben hacer a las leyes y

reglamentos de EE.UU. que "impiden" el desarrollo económico de Puerto Rico.

5. Cambia (¡nuevamente!) por cuánto tiempo la Oficina del Zar de Privatización estará funcionando.

6. Revisa las definiciones y requisitos para votar contenidas en las cláusulas de acciones colectivas de los acreedores.

Parece que el Congreso no puede decidirse sobre cómo seleccionar a las personas que pasarán por encima de los oficiales electos y la Constitución de Puerto Rico.

Los miembros de la Junta deben estar dispuestos a seguir la pauta que el Congreso establezca y defender los intereses del Congreso, pero no pueden ser tan ofensivos en su propósito como para levantar cuestiones de colonialismo.

Después de todo, el colonialismo es una de las "preocupaciones" que el tercer borrador del proyecto, H.R. 4900, trataba de corregir.

Esta versión sigue la pauta de los proyectos anteriores en que el gobierno de Puerto Rico es usurpado por personas nombradas por el Presidente de EE.UU. sin ninguna aportación o participación de los puertorriqueños. Sigue, una vez más, el estilo de gobierno-desde-afuera que estableció la Ley Foraker de 1900, por lo que me referiré a esta versión como F3.

Compararé esta versión publicada a las 10:58 p.m. del 18 de mayo de 2016 (F3) con la versión del 12 de abril de 2016, a la cual me refiero como F2 en los capítulos 6 y 7. De ser necesario, también la compararé con la F1, que es el borrador del 29 de marzo de 2016 que analicé en los capítulos 1 al 5.

EL SUPUESTO CAOS

El resumen[2] de esta versión del proyecto y de los "perfeccionamientos claves"[3] insertados en el F3 repiten el lenguaje usado en las versiones previas respecto a las causas de la crisis fiscal, económica y financiera de Puerto Rico, que según el Congreso de EE.UU., emanan exclusivamente de Puerto Rico.

El resumen menciona una vez más la necesidad de instituir reformas que promuevan el crecimiento económico, pero enmarcadas en el requisito de que Puerto Rico cumpla con todas sus obligaciones crediticias.

El Congreso de EE.UU. dice en este F3 que el proyecto "traerá orden legal al caos en Puerto Rico" y que "instituirá reformas fiscales y económicas para promover el crecimiento y asegurar que la Isla cumpla con sus obligaciones crediticias".[4]

El Congreso incluso se atreve a decir que el proyecto "restaurará el estado de derecho y los derechos legales de los inversionistas de la Isla".[5]

El lenguaje sobre el "caos" y la "ilegalidad" que según el Congreso de EE.UU. prevalecen en Puerto Rico me recuerda que cuando uno repite una mentira suficientes veces, a la larga la gente comienza a creérsela.

El deber solemne

Muchos miembros republicanos del Congreso de EE.UU. han estado diciendo por meses que cualquier proyecto que provea para la restructuración de la deuda emitida por el gobierno de Puerto Rico sería un rescate —un rescate costoso para los contribuyentes estadounidenses—. Por supuesto, se refieren a los contribuyentes en Estados Unidos y no a los "ciudadanos de EE.UU. que viven en Puerto Rico", que también pagan contribuciones federales.

Esta es la primera versión del proyecto en que el Congreso de EE.UU. echa el resto en su deseo de recordarle a Puerto Rico y a todos los puertorriqueños que estamos sujetos a los poderes plenarios del Congreso de EE.UU. y que no tenemos la más mínima soberanía, salvo las migajas que el Congreso se digne tirarnos.

Hay dos casos pendientes ante el Tribunal Supremo de Estados Unidos que tienen que ver precisamente con cuánta soberanía Puerto Rico tiene respecto a sus deudas y sus asuntos internos. Dichos casos ponen en primer plano las representaciones que Estados Unidos hizo a Puerto Rico y a las Naciones Unidas respecto a la autonomía de Puerto Rico después del 1952 y de la aprobación de su Constitución.

El Tribunal Supremo podría validar una de dos:

- Que las representaciones que hizo EE.UU. realmente no tienen efecto alguno sobre el autogobierno de Puerto Rico (lo cual significa que Estados Unidos nos mintió a nosotros los puertorriqueños y a la comunidad internacional sobre el grado de autonomía de Puerto Rico); o

- Que los cambios aprobados y acordados entre el Congreso de EE.UU. y el gobierno de Puerto Rico en el 1952 crearon una nueva relación entre Puerto Rico y Estados Unidos que excluye a Puerto Rico de la cláusula territorial.

Creo que el Tribunal Supremo de EE.UU. confirmará[6] que Puerto Rico todavía está sujeto a la cláusula territorial y a los poderes plenarios del Congreso de EE.UU.

Sin embargo, el Congreso está protegiendo su apuesta. El F3 menciona más frecuentemente que las versiones previas la subyugación de Puerto Rico al Congreso de EE.UU. bajo la cláusula territorial y, como veremos, amarra la autorización para restructurar la deuda a la existencia de la Junta.

Supongo que este lenguaje intenta anticiparse a la posibilidad de que el Tribunal Supremo de EE.UU. pueda confirmar que Estados Unidos debe hacer valer las representaciones que hizo a Puerto Rico y a las Naciones Unidas. También es un mensaje a las organizaciones en Puerto Rico que han anunciado un reto legal a la Junta por violaciones a las leyes federales P.L. 81-600[7] y P.L. 82-447,[8] que autorizaron un gobierno constitucional para Puerto Rico.

Recuerden que cada jurisdicción de Estados Unidos (excepto los territorios) tiene derecho a la protección del Capítulo 9 del Código Federal de Quiebra. Comparar el concederle a los emisores de Puerto Rico acceso al Capítulo 9 con un rescate es un absurdo. Como tan absurdo es el Congreso de EE.UU. para con nosotros.

Pero, para demostrar que toma en serio la condición territorial de Puerto Rico, el Congreso añadió este lenguaje al resumen del proyecto:

> El gobierno federal es la autoridad soberana de todos los territorios y como tal tiene la responsabilidad solemne de ayudar a Puerto Rico a resolver sus problemas fiscales.

Necesito ver el diccionario que usaron los que redactaron este proyecto. Ninguno de los diccionarios y tesauros en mi biblioteca tiene una definición que haga que esta PROMESA sea "solemne".

ESE INJUSTO, ABUSIVO Y TERRIBLE CAPÍTULO 9

El F3 se esmera muchísimo en establecer la distinción entre la protección que se concede a los emisores del gobierno de EE.UU. bajo el Capítulo 9 del Código Federal de Quiebra y la limitada restructuración de deuda aparentemente concedida a los emisores de Puerto Rico.

En su afán por justificar la negativa del Congreso a reconocer el derecho de Puerto Rico a restructurar su deuda y en su interés de darle a Puerto Rico un trato diferente, los redactores del proyecto atacan el Capítulo 9 como una ley injusta para los acreedores, que permite a los emisores campar por su respeto.[9]

Otra vez usan a Detroit como un ejemplo de lo terrible que es el Capítulo 9. Esto no sorprende pues este es el lenguaje que algunos acreedores de Puerto Rico usaron en sus cabildeos para bloquear cualquier posibilidad de que Puerto Rico pudiera restructurar su deuda. Y estos cabilderos han sido bastante productivos y efectivos.

Lo que me pregunto es: si los miembros del Congreso de EE.UU. creen que el Capítulo 9 del Código Federal de Quiebra es una ley tan terrible, ¿por qué no han presentado un proyecto para enmendarla?

LOS ESTADOS COMO TERRITORIOS

El F3 finalmente pone fin a la idiotez repetida durante los pasados seis meses de que un procedimiento de restructuración aprobado bajo la cláusula territorial establecería un precedente para los 50 estados de EE.UU.

Es en este proyecto que el Congreso de EE.UU. admite públicamente que la aplicación del proyecto a cualquier estado violaría la Décima Enmienda que reconoce la soberanía de cada uno de los 50 estados dentro del sistema federal de gobierno:

Los poderes no delegados a los Estados Unidos por la Constitución, ni prohibidos por esta a los estados, están reservados a los estados, respectivamente, o al pueblo.

Para establecer claramente que ningún estado puede jamás beneficiarse de este procedimiento de restructuración, el resumen se refiere a la instrucción en el proyecto de que la ley se codifique en el título del código federal que se refiere a los territorios. Y para concluir la discusión (que los miembros del Congreso avivaron, pero quizás se creen que nadie recuerda), el resumen del proyecto proclama que:

> Si un estado quisiera usar la Ley como precedente, tendría que revocar su estatus como estado, convertirse en territorio de EE.UU. y pedirle una Junta de Supervisión al gobierno de EE.UU, para ser elegible.[10]

¡Mucho se tardó el Congreso!

LOS NUEVOS PROMOTORES

El F3 añade dos promotores al proyecto: al promotor original Sean P. Duffy (Wisconsin), se le unen Rob Bishop (Utah) y F. James Sensenbrenner (Wisconsin). Todos republicanos.

[10]

A la metrópolis
le gustan los informes

EN SUS ENMIENDAS, EL F3 requiere que se preparen cuatro informes y se sometan al Congreso de EE.UU. Estos informes, que debe preparar el gobierno de EE.UU., son sobre:

1. Cómo los programas para pequeños negocios del gobierno de EE.UU. funcionan en Puerto Rico.

2. Cuál es el impacto de las leyes, procedimientos y reglamentos federales en el desarrollo económico de Puerto Rico.

3. Cuál es el impacto que los nuevos reglamentos promulgados por el Secretario del Trabajo Federal sobre el tiempo extra tendrían sobre la economía de Puerto Rico.

4. Si el Negociado del Censo Federal debe expandir la recopilación de datos sobre las estadísticas de la fuerza laborar a Puerto Rico.

EL INFORME DE LA GAO SOBRE EL HUBZONE

Dentro de los primeros 180 días a partir de la aprobación del proyecto, la GAO debe presentar un informe:

> sobre la aplicación y utilización de actividades por contratos (incluyendo actividades por contratos relacionadas con asuntos del HUBZone de pequeños negocios) de la [SBA] en Puerto Rico. El informe también debe identificar cualquier disposición de leyes federales que puedan generar obstáculos para la implantación eficiente de dichas actividades por contrato.[1]

EL HUBZONE

El HUBZone[2] es un programa de la SBA para ayudar a los pequeños negocios a tener acceso preferencial a oportunidades de licitaciones públicas federales. La meta del gobierno Federal es otorgar 3% de los mayores contratos federales a pequeños negocios certificados como empresas del HUBZone.

El propósito del programa de zonas de negocio históricamente subutilizadas (Historically Underutilized Business Zones, IIUBZones) es promover el desarrollo económico y crecimiento de áreas en situación precaria, que son designadas por la SBA como zonas que históricamente han sido subutilizadas por empresas.

La ley establece cómo se usarán los datos recopilados por la SBA para determinar si una zona se designa como un HUBZone.

La información que la SBA recopila incluye datos del Negociado Federal de Estadísticas de Empleo, el

Departamento de la Defensa, el Departamento de Vivienda y Desarrollo Humano y el Negociado del Censo.

De acuerdo con la información recopilada por la SBA, un HUBZone puede designarse como uno de cuatro tipos:

- predio censal calificado
- condado no metropolitano calificado
- reservación indígena calificada
- área de cierre de base calificada

Los HUBZones en Puerto Rico se clasifican bajo las categorías de área de cierre de base calificada, predio censal calificado o condado no metropolitano calificado.

Los pequeños negocios de Puerto Rico típicamente no participan en el proceso de licitaciones del gobierno Federal; un informe como este sería útil para identificar por qué.

El Grupo de Trabajo

El F3 provee para la creación de un Grupo de Trabajo dentro de la rama legislativa del gobierno de EE.UU., llamado el Grupo de Trabajo Congresional para el Desarrollo Económico en Puerto Rico.

Como el propósito de la Junta es "proveer un método para que un territorio bajo la cláusula territorial pueda lograr responsabilidad fiscal y acceso a los mercados de capital",[3] me sorprende que el cuarto borrador de la PROMESA incluya una sección que pretende identificar los impedimentos que EE.UU. impone sobre Puerto Rico que nos impiden lograr el desarrollo económico a mediano y largo plazo.

EL INFORME

Para el 31 de diciembre de 2016, el Grupo de Trabajo debe presentar un informe sobre:

- Las "disposiciones en las leyes y programas Federales actuales que son impedimentos para el crecimiento económico en Puerto Rico".
- Los cambios a las leyes y programas federales que "servirían para promover un crecimiento económico sostenible a largo plazo, crear empleos y atraer inversión a Puerto Rico".
- Otra información adicional pertinente.[4]

Los tratados de comercio de EE.UU. son un factor clave en la imposibilidad de Puerto Rico de participar en los mercados globales y beneficiarse de la economía global. Todos los tratados de comercio de EE.UU. aplican a Puerto Rico, muchos de ellos por requerimiento explícito de las contrapartes de EE.UU.

Aunque los tratados son leyes de EE.UU., dudo mucho que el Grupo de Trabajo se vaya a referir en su informe al impacto desastroso que los tratados de libre comercio de EE.UU. han tenido sobre Puerto Rico. El asunto incide directamente en el estatus político, cosa que no se debe discutir.

El proyecto establece que "en la mayor medida en que sea posible" el informe debe reflejar "las opiniones compartidas de los ocho miembros, excepto que el informe puede incluir opiniones disidentes".

LOS MIEMBROS

El Grupo de Trabajo tendrá ocho miembros, igualmente divididos por cámara y partido político:

- dos miembros de la Cámara de Representantes que deberá designar el Presidente de la Cámara (republicanos),
- dos miembros de la Cámara de Representantes que deberá designar el líder de la minoría de la Cámara (demócratas),
- dos miembros del Senado que deberá designar el líder de la mayoría del Senado (republicanos), y
- dos miembros del Senado que deberá designar el líder de la minoría del Senado (demócratas).

En todos los casos, los nombramientos deben hacerse en coordinación con el Comité de Recursos Naturales de la Cámara y el Comité de Energía y Recursos Naturales del Senado.

Estos son los comités del Congreso de EE.UU. que tienen jurisdicción primaria sobre Puerto Rico.

Los nombramientos deben hacerse dentro de los primeros 30 días a partir de la aprobación de la ley y el presidente del Grupo de Trabajo lo debe designar el Presidente de la Cámara de Representantes Federal.

El F3 requiere que el Grupo de Trabajo consulte con:

- la Asamblea Legislativa de Puerto Rico,
- el Departamento de Desarrollo Económico y Comercio, y
- el sector privado de Puerto Rico.

Contrario a la Junta, el Grupo de Trabajo deberá usar las instalaciones, servicios y personal ya existente del Congreso de EE.UU., aun cuando no se asignarán fondos adicionales para este propósito.

Una vez se someta el informe, el Grupo de Trabajo quedará disuelto.

Como bien podrán imaginarse, no espero ningún informe que se pueda implantar.

Una discusión honesta sobre los "impedimentos que conlleva la ley Federal actual" para el desarrollo económico de Puerto Rico, tendría que por necesidad pintar una imagen muy poco halagadora y despótica de los efectos reales de los poderes plenarios del Congreso conforme a la Cláusula Territorial de la Constitución de EE.UU.

Ningún miembro del Congreso va a admitir abiertamente que el estatus político está ahogando a Puerto Rico, matando sus oportunidades de participar en la economía global y prohibiendo cualquier acercamiento serio de inversionistas y socios extranjeros.

Anticipo un informe que concluirá que algunos reglamentos federales pueden ser un "impedimento", pero no lo suficiente como para que se tenga que revisar la ley federal.

Y también anticipo que la primera conclusión del Grupo de Trabajo será que el principal "impedimento" es el derecho de los puertorriqueños a ganarse un salario decente.

EL INFORME DE LA GAO SOBRE EL SALARIO LLEVADERO

Este F3 añade dos requisitos (uno es el informe que debe presentar la GAO) antes de que el reglamento del tiempo extra de 2015 se aplique a Puerto Rico. El F2 había bloqueado la aplicación de dicho reglamento a los trabajadores puertorriqueños para siempre. Los requisitos que el F3 añade son que:

1. Dentro de un plazo de dos años desde la aprobación de la PROMESA, la GAO debe:

   Examinar las condiciones económicas en Puerto Rico y enviar un informe al Congreso que evalúe el impacto de aplicar [el reglamento de tiempo extra] a Puerto Rico, tomando en consideración los salarios regionales, metropolitanos y los no metropolitanos, y las diferencias en costo de vida.[5]

2. El Secretario del Trabajo, luego de considerar el informe de la GAO, presentará una determinación escrita al Congreso de que la aplicación del reglamento de tiempo extra de 2015 a Puerto Rico no tendría un impacto negativo sobre la economía de Puerto Rico.

Considerando el lenguaje, parece que no sería necesario que el Congreso de EE.UU. tome ninguna otra acción. Si el Secretario del Trabajo determina que el reglamento no impactará negativamente la economía de Puerto Rico, el reglamento será valido y entrará en vigor en Puerto Rico.

Este es el único caso en que una agencia del gobierno de EE.UU. debe determinar que un reglamento federal no impactará negativamente a Puerto Rico antes de que el reglamento se aplique en Puerto Rico.

Esta debía ser la política para todas las leyes y reglamentos federales. Pero ese no es el caso: todas las leyes, procedimientos y reglamentos del gobierno de EE.UU. automáticamente aplican a Puerto Rico, sin importar el impacto que puedan tener en su economía.[6]

La única excepción se hace para los reglamentos relacionados con los salarios. ¿Me pregunto por qué?

También, el Congreso de EE.UU. cambia nuevamente las enmiendas que quiere hacerle a la Ley de Normas Razonables en el Trabajo del 1938.

- En lugar de enmendar un párrafo que también aplica a otras jurisdicciones, el Congreso ahora añadirá un párrafo que aplique solo a Puerto Rico. El F3 mantiene la autoridad del Gobernador para aprobar un salario de $4.25, pero lo reduce a cuatro años en vez de los cinco años que disponía el F2.
- Este borrador elimina la referencia específica a $4.25 que se había incluido en el F2 y vuelve a referirse al párrafo (1).

Elimina la imposición de un salario mínimo exclusivo para Puerto Rico ya que si el salario de $4.25 cambia para cualquiera de las otras jurisdicciones, cambiaría para los *trabajadores puertorriqueños también (espero que para aumentar).*

- Prohíbe que el término que el Gobernador designe se extienda más allá de la terminación de la Junta.

ESTADÍSTICAS DE LA FUERZA LABORAL

El F3 incluye una "impresión del Congreso" de que el Negociado del Censo debería emitir un estudio de viabilidad para expandir a Puerto Rico la recopilación de datos relacionada con las estadísticas de empleo. El proyecto sugiere que el Negociado solicite los fondos necesarios para realizar el estudio como parte de su presupuesto para el año fiscal 2018.

El Congreso utiliza "impresiones del Congreso" para enviar un mensaje o expresar una opinión, pero no son disposiciones de la ley que se puedan implantar.

La recopilación de datos para las estadísticas de empleo de Puerto Rico la diseña y realiza el gobierno de Puerto Rico. Esta disposición quiere que el Negociado del Censo estudie la viabilidad de asumir esta recopilación de datos, pero no lo requiere.

EL NEGOCIO DE LA ELECTRICIDAD

La fecha para presentar el "plan de acción de energía" que el F2 requería que el Secretario Federal de Energía prepare "abordando las necesidades de energía" de Puerto Rico se ha extendido por 90 días: de 180 a 270 días.

A la metrópolis
le encanta el control

LOS CAMBIOS EN EL F3 que discutiré en este capítulo
son:

- La selección de los miembros de la Junta.
- El proceso de aprobación de los planes fiscales y los
  presupuestos.

LA JUNTA

El F3 refleja el trabajo que el Congreso de EE.UU. está
pasando para decidir cómo seleccionar los miembros de la
Junta. El proceso debe parecer racional, pero también debe
garantizar que las personas seleccionadas procurarán
implantar el propósito de la ley: que los acreedores que han
gastado tanto dinero en cabildeo obtengan los resultados
que quieren.

La consigna es austeridad, aun cuando en cada país en que se ha implantado se ha logrado absolutamente nada.

Por otra parte, una Junta que controla todos los dineros, ingresos, gastos, presupuestos, planes fiscales, privatizaciones, leyes, procedimientos, reglamentos, políticas públicas de empleo, crecimiento económico, educación, etc., no tiene dónde esconderse de las consecuencias de sus decisiones y políticas.

Ni siquiera el Fondo Monetario Internacional ha podido desligarse del desastre que creó en Grecia.

Durante todos los años que la Junta esté en funciones, cualquier cosa que el gobierno de Puerto Rico haga está sujeta a la revisión y aprobación de la Junta. Será imposible que la Junta rehúse aceptar su responsabilidad por las consecuencias de sus "revisiones", "aprobaciones" y "certificaciones".

Yo también estaría bien preocupada sobre cómo seleccionar los miembros de una Junta que correrá el gobierno de Puerto Rico y será enteramente responsable por los resultados. El Congreso de EE.UU. ha justificado tomar control sobre el gobierno de Puerto Rico diciendo que nosotros los puertorriqueños hemos hecho todo mal y que la Junta salvará a "los ciudadanos americanos que viven en Puerto Rico" de nosotros mismos.

Qué vergüenza sería si estos salvadores resultan ser incapaces de enderezar el barco.

Estos son los cambios del F2 al F3:

- El gobernador de Puerto Rico ya no es un miembro ex oficio de la Junta.
- El F3 descartó las disposiciones sobre cómo escoger el presidente de la Junta, así como las disposiciones sobre el término de servicio y la remoción de los miembros.

Es muy probable que este cambio sea un error que se corrija en el próximo borrador.

- Esta versión descalifica a todos los ex oficiales electos del gobierno de Puerto Rico para ser miembros de la Junta.
- La nueva versión establece una forma complicada de nombrar los siete miembros que serán (todavía) designados por el Presidente de EE.UU.:
  - Los siete miembros se dividen en seis categorías identificados por letras.
  - El Presidente puede seleccionar un "miembro" en la categoría F a su entera y absoluta discreción. Una vez haya seleccionado su candidato o candidata, el Congreso de EE.UU. presentará listas de individuos de entre los cuales el Presidente debe escoger los otros seis miembros.

- Un "miembro" de la categoría A debe seleccionarse de una lista de al menos tres individuos que presente el Presidente de la Cámara de Representantes. Este miembro debe estar domiciliado o tener su negocio principal en Puerto Rico.

¿Acaso el titular mayoritario de las acciones de una corporación multinacional que lleve a cabo la mayoría de sus negocios en Puerto Rico cualifica como que tiene su principal lugar de negocio en Puerto Rico?

- Un "miembro" de la categoría B debe seleccionarse de otra lista de al menos tres individuos que presente el Presidente de la Cámara.
- Los "miembros" de la categoría C deben seleccionarse de una lista de al menos cuatro individuos que presente el líder de la mayoría del Senado.
- Un "miembro" de la categoría D debe seleccionarse de una lista de al menos tres individuos que presente el líder de la minoría de la Cámara.
- Un "miembro" de la categoría E debe seleccionarse de una lista de al menos tres individuos que presente el líder de la minoría del Senado.

Supongo que se designarán dos miembros de la Categoría C ya que es la única que se refiere a "miembros" y es de la única manera que las designaciones suman siete.

- Las designaciones de los miembros en todas las categorías, excepto la categoría F, deben ser con el consejo y consentimiento del Senado, a menos que el Presidente designe un individuo de una de las listas.

El proyecto no provee para que haya ningún tipo de negociación entre el Presidente de EE.UU. y los miembros del Congreso respecto a las listas que sometan el Presidente de la Cámara y los líderes de la mayoría y la minoría. Si el Presidente designa un miembro de las listas presentadas, su nombramiento no estará sujeto al consejo y consentimiento del Senado.

Esta disposición aplicará solo si el Presidente designa un individuo que no estuviera en ninguna de las listas, aunque esta posibilidad no está expresamente contemplada en el proyecto.

- Los miembros de la Junta se deben designar para el 30 de septiembre de 2016. De lo contrario, el Presidente deberá nombrarlos de las listas presentadas por el Congreso de EE.UU. para el 1 de diciembre de 2016.

Este lenguaje se podría interpretar como que permite al Presidente hacer un nombramiento de alguien que no esté en una lista, aun cuando el nominado esté sujeto al consejo y consentimiento del Senado. La fecha límite preliminar es el 30 de septiembre, pero la fecha límite final es dos meses más tarde.

Dos causas para el retraso podrían ser que el Presidente no tenga las listas para el 30 de septiembre, o que las tenga pero no quiera designar ninguno de los individuos incluidas en ellas. Es posible, entonces, que él tenga dos meses para presentar sus propios candidatos para la consideración del Senado.

Sin embargo, eso no tiene mucho sentido, considerando el espectáculo que ha hecho el Senado de EE.UU. con el proceso de confirmación del nominado Juez al Tribunal Supremo.

- El F3 eliminó el requisito para que la Junta adopte normas y procedimientos respecto a conflictos de interés.

Esto puede ser porque sus miembros están sujetos a los requisitos federales sobre conflictos de interés, pero aún así no se ve bien, particularmente puesto que están expresamente autorizados a recibir dádivas.

- El F3 ha cambiado los requisitos con los que la Junta debe cumplir para abrir oficinas adicionales. Ahora las nuevas oficinas deben "estimarse necesarias". El F2 autorizaba que se establecieran nuevas oficinas según la Junta "estimara conveniente".

Para abrir nuevas oficinas, la Junta debe al menos hacer un análisis de necesidad que justifique la oficina, y, por tanto, el gasto.

Aunque, sin duda, cualquier oficina en cualquier lugar de EE.UU. siempre se considerará necesaria.

- El F3 autoriza a la Junta a imponer el "pago y administración de contribuciones mediante la adopción de tecnologías electrónicas para la presentación de informes, planillas, pagos y auditorías".[1]
- Ahora la Junta está autorizada a solicitar al Administrador de Servicios Generales los servicios de apoyo necesarios para realizar sus funciones.
- El F3 incluye cambios mayores a los poderes de citación de la Junta. Ahora, el proceso de notificación de citaciones y la responsabilidad de hacer que los testigos cumplan con sus citas y produzcan los documentos requeridos corresponde a la jurisdicción y a las leyes de Puerto Rico. Esta versión elimina la autorización desmedida concedida previamente a la Junta mediante la cual podía haber obligado a cualquiera, de cualquier parte en EE.UU., a comparecer a testificar en cualquier parte dentro de EE.UU. Otro cambio en el F3 es que las órdenes relacionadas con una citación serán emitidas por los tribunales de Puerto Rico y no por el tribunal de Distrito de EE.UU, como era en la F2.
- Hay un cambio en el lenguaje para proteger la autonomía de la Junta. Este F3 prohíbe que el Gobernador o la Asamblea Legislativa de Puerto Rico aprueben o implanten una ley o política "que pueda afectar o frustrar los propósitos de esta ley, según

determinados por la Junta de Supervisión".[2] El F2 prohibía cualquier acción similar "respecto a la Junta de Supervisión o sus actividades".[3]

El cambio en el lenguaje podría interpretarse como un intento de darle más espacio al gobierno de Puerto Rico para controlar sus políticas, ya que ahora lo que se prohíbe es lo que "pueda afectar o frustrar los propósitos de" la ley en lugar de cualquiera y toda ley o política relacionada con la Junta.

Por ejemplo, nuevas leyes que traten sobre la seguridad en la infraestructura o el archivo de documentos públicos aplicarían a la Junta ya que no son leyes que puedan "afectar o frustrar los propósitos de" la ley y, para esos propósitos, la Junta es una entidad del gobierno de Puerto Rico.

Claro está, eso sería así a menos que la Junta determine que la ley o política "afecte o frustre los propósitos de" la ley —que anticipo que será la conclusión típica de la Junta—.

- El F3 incorpora una referencia a la ley de ética de Puerto Rico que aplica a todos los empleados del gobierno de Puerto Rico. Todavía le requiere a todos los miembros y empleados de la Junta que cumplan con los requisitos Federales de conflicto de interés, "independientemente de cualquier disposición de ética que aplique a los empleados" del gobierno de Puerto Rico. En cuanto a la divulgación financiera, el F3 difiere del F2 en que el F3 limita el personal que debe cumplir con la divulgación de intereses financieros solo al personal que la Junta designa. El

F2 imponía ese requisito a todo el personal de la Junta.

No entiendo el propósito de estas referencias a la ley de Puerto Rico. Solo tendría sentido si el propósito fuera asegurarse de que el personal y los miembros de la Junta cumplan con la ley de ética de Puerto Rico.

Para los empleados del gobierno de Puerto Rico este lenguaje no era necesario, puesto que se asignan a la Junta en calidad de empleados en destaque y no se consideran personal de la Junta. Por tanto, toda ley de Puerto Rico aplicable a los empleados del gobierno de Puerto Rico aplican igualmente a todo empleado del gobierno de Puerto Rico que esté trabajando con la Junta en destaque.

- El F3 incorpora un requisito de que la Junta "cuando sea factible" emita un informe sobre el flujo de efectivo disponible para el pago de la deuda, así como de cualquier variación de la cantidad establecida en el análisis de sustentabilidad de la deuda.
- Esta versión aclara que la confianza plena y el crédito de los Estados Unidos no respaldan el pago de la deuda emitida por Puerto Rico o por ninguna de sus dependencias. El F2 se refería a la deuda emitida por la Junta.

Este borrador elimina la autorización de la Junta para emitir deuda.

FINANCIACIÓN DE LA JUNTA

- El F3 elimina la discreción otorgada a la Junta respecto a su fuente de financiación, y ahora "deberá usar sus poderes sobre el presupuesto" para asegurar que haya suficientes fondos disponibles para cubrir todos los gastos de la Junta.[4] El F2 decía que la Junta "podía" usar sus poderes para asignar los fondos.

Considerando los amplios poderes que este proyecto concede a la Junta, Puerto Rico acabará en efecto pagando por dos estructuras de gobierno— a menos que cierre el que nosotros elegimos en las urnas y mantenga el que fue "solemnemente" impuesto por el Congreso de EE.UU.

- Se le requiere al gobierno de Puerto Rico que designe, dentro de los primeros 30 días a partir de la aprobación de la ley, una fuente de fondos dedicada para mantener las operaciones de la Junta. El F2 le había dado a la Junta la discreción de determinar si el ATRACO de la Junta era necesario.

¿Recuerdan el ATRACO discutido en el capítulo 1?

PROCESO DE APROBACIÓN DE LOS
PLANES FISCALES Y PRESUPUESTOS

- El F3 ahora requiere que todos los miembros de la Junta y su Presidente sean nombrados antes de que la Junta pueda comenzar el proceso de aprobación y certificación de los planes fiscales y presupuestos. Bajo el F2 solo cuatro miembros tenían que haberse nombrado para comenzar este proceso.

- Ahora se prohíbe que se presten, transfieran o usen recursos de una instrumentalidad de Puerto Rico para beneficio de Puerto Rico o de alguna de sus instrumentalidades, a menos que sea permitido por la Constitución de Puerto Rico.

Sí. En serio. El F3 ha añadido lenguaje para aclarar que Puerto Rico no puede violar su Constitución.

- El F3 incluye un nuevo requisito de que el Plan Fiscal tiene que respetar las prioridades o gravámenes sobre la Constitución, leyes o acuerdos de Puerto Rico o sus instrumentalidades que estuvieran en vigor previo a la aprobación de la ley.

Ver arriba.

- En caso de que la Junta determine que enmendará un Presupuesto por causa de una variación entre los gastos reales y los gastos presupuestados, la Junta puede, en el caso de una instrumentalidad de Puerto Rico, prohibir que la instrumentalidad entre en cualquier contrato a menos que la Junta lo apruebe previamente. El F2, por su parte, especificaba que el contrato tenía que ser de más de $100,000.

La Junta necesitará tener suficiente personal para ser un gobierno sombra.

- Esta versión incorpora órdenes ejecutivas emitidas por el Gobernador de Puerto Rico en la lista de documentos, contratos, políticas, procedimientos y reglamentos que la Junta puede invalidar.

- El F3 prohíbe que Puerto Rico apruebe ninguna ley que permita la trasferencia de fondos o activos que sea incompatible con la Constitución o con las leyes de Puerto Rico previo a la designación de los siete miembros de la Junta y el nombramiento de su Presidente. "Cualquier acción ejecutiva o legislativa que autorice el movimiento de fondos o activos durante este periodo puede estar sujeta a revisión y reversión por la Junta".[5]

Este párrafo es absurdo. Prohíbe que Puerto Rico apruebe una ley inconstitucional, lo cual, además de ser ridículo, en realidad es una determinación que le corresponde hacer solamente a los tribunales. Además, la ley establece que "cualquier movimiento de fondos o activos" puede estar sujeto a revisión y reversión.

Cabe señalar que la revisión y reversión se refiere a "cualquier movimiento de fondos o activos", mientras que la oración anterior se refiere a leyes inconstitucionales. Por tanto, parece que la Junta, a su entera discreción, y a base de su infinito conocimiento sobre las leyes de Puerto Rico y su autoridad judicial especial, determinará si una ley aprobada por la Asamblea Legislativa de Puerto Rico es inconstitucional.

Denota una clara separación entre las tres ramas del gobierno, ¿no creen?

- El F3 todavía le prohíbe a la Junta impedir que Puerto Rico pueda implantar leyes que viabilicen requisitos o normas federales, pero solo si dichas leyes son cónsonas con un Plan Fiscal certificado.

Esto significa que Puerto Rico podría caer en una situación de incumplimiento con un programa federal si la Junta, a su entera discreción, determina que la ley necesaria para implantar el programa federal no es compatible con el Plan Fiscal que la Junta ha certificado. Por tanto, Puerto Rico terminaría teniendo una Junta nombrada por el gobierno de EE.UU. que podría impedir que Puerto Rico cumpla con los requisitos de un programa federal.

Es indudable: apoderarse de un gobierno es verdaderamente complicado.

- Ahora es requisito que el Plan Fiscal "adopte las recomendaciones pertinentes que presente la Junta de Supervisión".[6] El F2 calificaba la adopción de las recomendaciones como "en la mayor medida posible".[7]
- Respecto a las áreas en que la Junta puede hacer recomendaciones al Gobernador o la Asamblea Legislativa, el F3 aclara que la privatización y

comercialización para la prestación de servicios gubernamentales realmente se refiere a la privatización y comercialización de entidades gubernamentales.

Aunque el lenguaje que decía que el gobierno de Puerto Rico podía decidir no implantar las recomendaciones de la Junta todavía está en el proyecto, es irrelevante. El lenguaje que añade el F3 requiere que para que un Plan Fiscal sea certificado debe incluir las recomendaciones que la Junta haya hecho.

La idea de que la ley fuera "menos colonialista" no duró mucho.

VIEQUES, LA TIERRA MÁS DESEADA

Luego de tres versiones, cada una más complicada que la anterior, el F3 abandona y elimina la referencia a Vieques.

12

El Zar de las ventas de liquidación

ESTE CAPÍTULO ANALIZARÁ los cambios que el F3 incluye respecto al proceso de privatización de los activos de Puerto Rico.

EL ZAR

- En esta nueva versión, para designar al zar de la privatización se deben haber nombrado todos los siete miembros de la Junta. El F2 solo requería que hubiera cuatro miembros nombrados.
- El F2 requería que el Coordinador tuviera conocimiento considerable y experiencia en planificación, predesarrollo, financiamiento y desarrollo de proyectos de infraestructura. El F3 añade conocimiento y experiencia en operaciones, ingeniería y participación en los mercados de proyectos de infraestructura, pero los incluye como alternativa. El F2 usa "y", mientras que el F3 usa "o".

Este borrador diluye las calificaciones requeridas para el zar de privatización.

- El F3 también añade que se dará mayor consideración a los candidatos que tengan experiencia "con las leyes y reglamentos de Puerto Rico cuya implantación se pueda ver afectada por un proceso expedito de permisos".[1]

- El F3 adopta una vez más el lenguaje del F1 y establece que el puesto del Coordinador terminará cuando termine la Junta. El F2 disponía que el zar estaría en su puesto hasta que todos los proyectos se completaran, aun si la Junta se hubiera disuelto.

- Sin embargo, como el nombramiento del zar puede terminarse antes de que se hayan completado proyectos críticos, el F3 añade el requisito de que estos proyectos continuarán al amparo del proceso expedito de permisos hasta que se completen.

EL PROCESO

- El F3 incorpora una definición para promotor de proyecto que incluye, además de a un ente privado, a una agencia del gobierno de Puerto Rico.

- Hay dos nuevos requisitos para que se pueda completar la presentación de un proyecto. Ahora una presentación también tiene que incluir:

  - La cantidad de fondos del gobierno de Puerto Rico que será necesaria para completar y mantener el proyecto; y

- Especificar cuántos de los empleos creados por el proyecto serán para residentes de Puerto Rico y cuál será el impacto económico del proyecto, incluyendo el impacto sobre los consumidores que pagan las tarifas por el servicio.

- El F2 requería información adicional, pero solo si el proyecto presentado era un proyecto de energía. Aunque esta referencia se elimina y los requisitos permanecen casi iguales, la información adicional no se requiere totalmente ya que el "y" que usaba el F2 se cambió por "o" en el F3. Los tres cambios son:

  - Fuentes renovables de energía se definirá según las define la ley de Puerto Rico.

  - La meta de lograr "menores costos de energía" ha cambiado a "tarifas de energía asequibles".

Y "tarifas asequibles" son mayores que "menores costos de energía". Cabildeo, cabildeo por doquier.

- Evaluar cómo el proyecto logrará cumplir con las recomendaciones del estudio que el F3 requiere que se realice bajo la Ley de Asignaciones Consolidadas y Continuadas (*Consolidated and Further Continuing Appropriations Act*) (el plan de acción de energía discutido en el Capítulo 7) pero solo en la medida en que dichas recomendaciones sean cónsonas con los planes requeridos bajo la ley de Puerto Rico o con el acuerdo voluntario que la AEE negoció con sus acreedores.

LOS INFORMES

- El F3 requiere que el informe de proyecto crítico ahora se desarrolle dentro de un plazo de 60 días a partir de la presentación del proyecto. En el F2 los 60 días se calculaban a partir de la fecha en que se identificaran las agencias pertinentes del gobierno de Puerto Rico.

Este cambio reduce los términos.

- Esta versión aclara que el Gobernador debe proveer una recomendación durante el desarrollo del informe de proyecto crítico.

- El F3 ahora requiere que si un proyecto afecta la implantación del Plan de Uso de Terrenos, la Junta de Planificación debe emitir una determinación al respecto dentro de estos 60 días. Si la Junta de Planificación determina que el proyecto no es compatible con el Plan de Uso de Terrenos, el proyecto será inelegible para ser designado como proyecto crítico.

- El F3 elimina la disposición del F2 de que si la Comisión de Energía de Puerto Rico no emitía su recomendación dentro del plazo de 60 días, dicho silencio se interpretaría como que la Comisión concurre con la decisión tomada por el Coordinador. Ahora, se añade un requisito de que si un proyecto conectará con las instalaciones de transmisión y distribución de la AEE, la Comisión de Energía debe determinar si el proyecto afecta un Plan de Recursos Integrados Aprobado. Sin embargo, a diferencia del caso del Plan de Uso de Terrenos, la Comisión de Energía debe ofrecer las razones para su determinación y el proyecto será inelegible para ser designado como proyecto crítico. La determinación debe presentarse dentro del mismo plazo de 60 días.

- El F3 ha incorporado un requisito que establece que "inmediatamente después de que se complete el informe de proyecto crítico" debe publicarse el informe. Los residentes de Puerto Rico tienen un periodo de 90 días para presentar comentarios. El Coordinador deberá responderlos dentro de un plazo de 30 días y deberán publicarse las respuestas.

- Conforme al F3, los cinco días dentro de los cuales el Coordinador debe entregar su informe de proyecto crítico a la Junta comienzan luego de que él o ella haya respondido a los comentarios presentados por los puertorriqueños. En el F2, esta entrega a la Junta tenía que hacerse dentro de los primeros cinco días a partir de que el informe fuera completado.

- Como dato importante, el F3 elimina la disposición del F2 de que si la Junta no había tomado una decisión dentro de los primeros 30 días de haber recibido el informe de proyecto crítico, el proyecto se consideraría un proyecto crítico. Ahora la Juna debe aprobar o desaprobar el proyecto expresamente.

No te metas en mi camino

- El F3 elimina la facultad que el F2 le había dado a la Junta de desaprobar cualquier acción que el Gobernador tomara al amparo de la Ley 76-2000.

Ver el capítulo 5 para una discusión sobre la Ley 76-2000.

- El F3 mantiene la facultad que el F2 había dado a la Junta para bloquear la implantación de cualquier ley que "pueda afectar el proceso expedito de permisos". Sin embargo, tiene tres cambios:
  - El F2 requería que el Gobernador, la Asamblea Legislativa y el Coordinador presentaran a la Junta cualquier proyecto de ley que pudiera afectar el proceso expedito. El F3 limita la obligación para el Gobernador.

Supongo que este cambio se insertó para que la Junta reciba solo una notificación en lugar de tres.

  - El F3 requiere que la Junta revise la ley para determinar si la misma "impacta adversamente" el proceso expedito. El F2 requería que determinara si la ley "impacta significativamente" el proceso expedito.
  - Sin embargo, en esta versión la Junta "puede" estimar que tal ley es "significativamente incompatible" con el Plan Fiscal aplicable. En el F2 la Junta no tenía discreción y establecía "la ley

deberá ser considerada" como significativamente incompatible con el Plan Fiscal.

Este cambio le da a la Junta mayor discreción y limita un tanto los criterios que debe considerar antes de decidir bloquear la aplicación de una ley aprobada por la Asamblea Legislativa de Puerto Rico.

13

La nueva restructuración

ESTE CAPÍTULO DISCUTIRÁ los cambios en el F3 relacionados con el proceso de restructuración y con las cláusulas de acción colectiva de los acreedores.

LA SUSPENSIÓN DE LITIGIOS

- Esta nueva versión aclara que las disposiciones de las cláusulas de acciones colectivas de los acreedores aplican a deudas creadas antes, en o después de la fecha de aprobación de la ley. El F2 no refería expresamente a dichas cláusulas.
- El establecimiento de la Junta no afecta el inicio y continuación de un procedimiento por parte de una unidad gubernamental para implantar sus poderes de razón del estado y regulatorios. Dicha unidad puede ejecutar cualquier sentencia que no sea una sentencia sobre dinero.

- El F2 establecía la fecha para concluir la suspensión de litigios como la primera entre (i) el 15 de febrero de 2017 o (ii) la fecha en que se sometiera un caso bajo el Título III. El F3 mantiene el (ii) como una las fechas para concluir la suspensión, pero establece otras posibilidades. Ahora la fecha de terminación de la suspensión es la primera entre (a) o (b), donde (a) es la fecha en que se someta un caso bajo el Título III y (b) es la fecha más tarde entre (x) el 15 de febrero de 2017 o seis meses luego de establecida la Junta; (y) 75 días después de la fecha en (x) si la Junta certifica que esos días adicionales son necesarios para completar el proceso de negociación voluntario; o (z) 60 días después de la fecha en (x) si el tribunal de distrito así lo ordena tras recibir una solicitud bajo el artículo 601(1)(1)(D).

Esta referencia no existe en el proyecto. La referencia correcta parece ser 601(m)(1)(D), que se refiere al efecto vinculante del plan de ajuste y las modificaciones a los reclamos de deuda.

Esta nueva "fórmula" trata de tomar en consideración que, ya que toda autorización para negociar y restructurar la deuda se ha puesto en manos de la Junta, concluir la suspensión de litigios el 15 de febrero de 2017 le daría solo cuatro meses para llevar a cabo negociaciones sobre toda la deuda emitida por el gobierno de Puerto Rico. Y esto si es que el Presidente de EE.UU. designa a todos los miembros de la Junta para el 30 de septiembre de 2016.

- El F3 extiende a 45 días la terminación de la suspensión de litigios para las partes que hayan sometido al tribunal una petición para eliminar la suspensión. El F2 disponía que la suspensión se levantaba luego de 30 días.

- En esta versión, cualquier persona que se determine que ha violado la suspensión será responsable por el pago de daños, gastos y honorarios de abogados.

- Para propósitos de la suspensión, el "gobierno de Puerto Rico" ahora incluye oficiales electos y designados.

- El F3 autoriza a la Junta, a su entera discreción, a hacer pagos de intereses sobre deuda pendiente de pago cuando dichos pagos venzan, incluso mientras la suspensión esté en vigor.

- Se incluye una nueva sección mediante la cual Puerto Rico será responsable ante los acreedores por el valor de cualquier propiedad que transfiera si estas transferencias violan cualquier ley aplicable que conceda al acreedor una pignoración, garantía, interés o gravamen, o que prive a la instrumentalidad de Puerto Rico de la propiedad en violación de la ley aplicable. La nueva sección concede a un acreedor el derecho a reclamar estos derechos incoando una acción ante el Tribunal Federal de Distrito para Puerto Rico, pero solo luego de que la suspensión haya expirado o que el tribunal haya concedido al acreedor una orden para levantar la suspensión de litigios.

Una vez más, el proyecto incorpora una sección para prohibirle a Puerto Rico violar la ley.

NEGOCIACIONES VOLUNTARIAS

- El F3 requiere que cada acreedor o cada grupo organizado de acreedores que quiera participar en negociaciones voluntarias con Puerto Rico provea una declaración, que se divulgará a los demás participantes en las negociaciones. La declaración debe proveer:
  - el nombre y dirección del acreedor
  - el nombre y dirección de cada miembro de un grupo organizado de acreedores
  - la naturaleza y la cantidad agregada de las reclamaciones u otros intereses que tienen respecto al emisor.
- Un grupo organizado de acreedores no puede componerse enteramente de afiliadas o grupos internos de una misma entidad.

Esto podría ser un intento de incentivar a los acreedores a que se organicen para facilitar las negociaciones de las deudas. Prohibir que los grupos de acreedores se compongan únicamente de afiliadas es una forma de forzar a los acreedores a identificar sus reclamaciones comunes y a negociar preliminarmente entre ellos mismos.

- La Junta puede requerir que esta información se cumplimente trimestralmente.

- El F3 añade requisitos para que un emisor de Puerto Rico pueda llegar a un acuerdo voluntario con sus acreedores:
  - Se debe certificar un Plan Fiscal como que provee un nivel de deuda sostenible.
    - O, si el Plan Fiscal no se ha certificado, el acuerdo voluntario se debe limitar a una extensión del periodo de vencimiento del principal e interés por un periodo de hasta un año, y durante el cual no se pagará ningún interés.
  - la mayoría en términos de cantidad de deuda afectada por el acuerdo voluntario vota a favor, o se aprueba un plan ajustado.
- En el caso de acuerdos voluntarios preexistentes (que mayormente se refiere al acuerdo pactado entre la AEE y algunos de sus acreedores), el F3 ahora se refiere a un acuerdo "ejecutado" en lugar de a un acuerdo "consumado" como decía en el F2. Sin embargo, añade el requisito de que la mayoría en términos de cantidad de la deuda del emisor debe estar de acuerdo.

Este párrafo siempre se ha referido al acuerdo de la AEE con algunos de sus acreedores (que no son la mayoría en términos de cantidad como requiere este F3).

Mi comentario en el capítulo 4 sobre el cambio de "acordado exitosamente" a "consumado" aplica aquí también.

- Los titulares de una reclamación pueden votar sobre una modificación propuesta a su reclamación conforme al título VI en acuerdos voluntarios aun si la suspensión de litigios está en efecto.

PARA RESTRUCTURAR

- El F3 requiere que antes de que la Junta pueda emitir una certificación para autorizar un proceso de restructuración de deuda, debe determinar que la entidad ha hecho un esfuerzo de buena fe por llegar a un acuerdo de restructuración con los acreedores; que ha adoptado todos los procedimientos necesarios para producir estados financieros auditados a tiempo y "ha hecho públicos los borradores de estados financieros y otras informaciones suficientes para que cualquier persona interesada pueda tomar una decisión informada respecto a una posible restructuración";[1] que no se ha emitido ninguna orden para aprobar una Modificación Cualificada o que, aunque se haya emitido una orden, la entidad no puede hacer sus pagos de la deuda.

- El F2 requería que el emisor completara el proceso descrito en el Título VI (relacionado con las cláusulas de acción colectiva de los acreedores y los acuerdos voluntarios), en lugar de requerir que demuestre haber hecho esfuerzos de buena fe para negociar como se requiere en el F3. También el F2 requería información para que una persona interesada pudiera "hacer una debida diligencia" de la transacción. El F3 cambió ese lenguaje a que pudiera "tomar una decisión informada". La referencia a las Modificaciones Cualificadas en el F3 es nueva.

- Esta versión añade definiciones para "bono asegurado" y "reclamación de mayor jerarquía".

- El F3 establece que aun cuando un bono se considere "asegurado por un gravamen sobre una propiedad", el emisor, la Junta o cualquier otro acreedor puede impugnar la reclamación o la garantía si la modificación "no se ha consumado".

- El F3 modifica la definición de "titular de una reclamación o interés" con respecto a quién puede aceptar un plan de restructuración. El cambio aclara que el tenedor de un bono asegurado es la aseguradora monolínea.

  - Esta versión excluye al gobierno de Puerto Rico y a todas sus instrumentalidades de ser considerados como titulares de una reclamación o interés para propósitos de votar sobre un plan.

- Este borrador aclara que el síndico en estos procesos de restructuración es la Junta, excepto según dispuesto en la Sección 926 del Código Federal de Quiebra.

  - Esta sección 926 autoriza al tribunal de quiebras a designar un síndico si un deudor rehúsa iniciar una causa de acción que evitaría gravámenes o transferencias de activos fraudulentos.

Recuerden que en estos casos el deudor y el síndico son la misma persona: la Junta. Si la Junta rehusara anular un gravamen o transferencia de activos fraudulento, no habría mucho que el tribunal pueda hacer ya que la PROMESA designa a la Junta como el síndico.

- Esta versión establece que, en virtud de los poderes concedidos a la Junta, Puerto Rico no está impedido de ejercer sus poderes políticos o gubernamentales "se haya o no se haya iniciado un caso bajo este título", excepto por leyes de moratoria u órdenes ejecutivas "ilegales" que alteren los derecho de los titulares de cualquier deuda.

"Este título" se refiere al Título III que trata con los ajustes de las deudas.

Y, una vez más, será la Junta, en lugar de los tribunales, quien, a su entera discreción, determine si una orden ejecutiva es ilegal.

- Nuevamente el F3 incorpora en el proyecto la posibilidad de que la Junta presente peticiones y planes conjuntos para deudores cuando son entidades afiliadas. Esto se había eliminado del F2, pero era una disposición presente en el F1.
- Esta revisión aclara que el proyecto no "permite el descargo de obligaciones que surgen de las leyes o reglamentos federales adoptados al amparo del poder de razón del estado".

Aunque este lenguaje está en el Título III del proyecto, debe interpretarse en conjunto con el lenguaje del Título II que abre la posibilidad de que la Junta pueda interferir con la implantación de las leyes de Puerto Rico que son necesarias para cumplir con programas Federales.

- El F3 otorga a la Junta la autorización para consentir a un plan de restructuración que "interfiera" con "cualquiera de los poderes políticos o gubernamentales de Puerto Rico", "cualquiera de las propiedades o ingresos de" Puerto Rico, y "el uso y disfrute por [Puerto Rico] de cualquier propiedad que genere ingresos".[2] El F2 decía que era el deudor, fuera Puerto Rico o una de sus instrumentalidades, quien tenía que consentir a esta limitación de sus poderes. El F3 le arrebata ese poder a Puerto Rico y lo concede a la Junta.

Hasta aquí llegó lo de "menos colonialistas".

- Esta versión elimina el lenguaje que disponía que la jurisdicción sobre cualquier persona o entidad que ejercía el tribunal de distrito era "en la máxima medida permitida bajo la Constitución de los Estados Unidos".

Es un cambio cosmético ya que todo tribunal extiende su jurisdicción hasta la máxima medida que permite la Constitución.

- El F3 incorpora otra vez las disposiciones sobre remoción y remisión que habían en el F1 y que el F2 había eliminado. Cualquier parte puede remover cualquier reclamación y remitirla al Tribunal de Distrito en que la acción civil se esté viendo.

- Un tribunal de distrito tiene que transferir cualquier procedimiento civil que surja ante su consideración conforme al Título III o que esté relacionado con un caso al amparo de este título al distrito en el cual el caso se esté viendo.

- Esta versión incluye un procedimiento detallado del proceso de apelación.

- Este F3 requiere que el secretario del tribunal ante el cual se esté viendo un caso de restructuración de deuda "reasigne tanto personal y asistentes como estime necesario para asegurar que el tribunal tenga los recursos adecuados para el debido manejo del caso".

- Ahora la discreción de la Junta se amplía: la misma "puede determinar a su entera discreción" que la jurisdicción es apropiada en el tribunal de distrito de cualquier jurisdicción en que la Junta tenga una oficina, que no sea la ubicada en Puerto Rico. El F2 había requerido que la Junta hiciera una determinación de que la jurisdicción (el Tribunal de Distrito de Puerto Rico) no podía "proveer adecuadamente un manejo debido del caso".

- El F3 añade una nueva sección respecto a la selección del juez del Tribunal Federal de Distrito que presidirá en estos casos. Si el deudor es Puerto Rico, el Presidente del Tribunal Supremo de EE.UU. será quien designe el juez. Si el deudor no es un territorio, entonces el Juez Presidente del Tribunal de Apelaciones del Primer Circuito designará el juez que presidirá los procesos.

Estos tres cambios deben analizarse en conjunto. Bajo el F2, los casos incoados al amparo del Título III se podían litigar fuera de Puerto Rico solo si la Junta determinaba que el Tribunal Federal de Distrito de Puerto Rico no podía manejar el caso adecuadamente. Ahora la Junta puede elegir incoar estos casos de restructuración en cualquier otro tribunal de distrito en donde tenga una oficina.

El Congreso de EE.UU. ya no está preocupado por si el tribunal de distrito en que la Junta presente los casos puede manejarlos adecuadamente, ya que ha añadido el requisito de que el secretario del tribunal que la Junta seleccione debe proveer todo el personal necesario para que los casos se vean en el tribunal de distrito en que la Junta quiera que se vean.

New York, New York!

Los casos se sacan de su proceso ordinario para la asignación de casos a los jueces y ahora están sujetos a asignación directa. Algunos expertos creen que esto representa un riesgo para la judicatura de EE.UU. y que el Juez Presidente del Supremo o el Juez Presidente del Tribunal de Circuito escogerán jueces de tribunales de distrito que tengan experiencia en tribunales de quiebra o alguna experiencia relacionada.[3]

Pienso que la "experiencia relacionada" también puede significar presidir sobre litigios de deuda soberana.

- El F3 incluye otra vez la autorización para que un tribunal de distrito se abstenga de ver un procedimiento en particular. Este párrafo se eliminó del F2, aunque estaba presente en el F1.

- Esta autorización para abstenerse se había incluido en la sección del F1 que trataba sobre la certificación de asuntos de la ley de Puerto Rico por el Tribunal Supremo de Puerto Rico (discutido en el capítulo 4). Se había eliminado del F2 y ahora el F3 solo añade la autorización de abstenerse.

- El F3 establece que es solo la Junta la que puede presentar un plan de ajuste, así como modificaciones a los planes ya presentados. Este era el lenguaje en el F1 —el F2 había sustituido a la Junta por el deudor—.

- El F3 añade un requisito para la confirmación de un plan de ajuste. En el F2 el plan tenía que ser factible y en el mejor interés de los acreedores. El F3 añade que "deberá requerir al tribunal que considere si remedios disponibles bajo las leyes que no sean de quiebra y [la Constitución de Puerto Rico] resultarían en un mayor recobro para los acreedores del provisto en dicho plan".[4]

Este lenguaje se refiere a la prioridad que se da a los bonos de obligaciones generales emitidos bajo la confianza y el crédito de Puerto Rico y a los que se les da primera prioridad en la Constitución de Puerto Rico.

Sin embargo, añadir este lenguaje no debilita el requisito de que el plan "sea factible". Una cosa es que el acreedor tenga prioridad legal y otra que el deudor tenga la capacidad financiera para pagar.

- Este borrador autoriza la confirmación de un plan de ajuste cuando hay una sola clase de acreedores afectados, aun si la clase no hubiera aceptado el plan, siempre y cuando todos los requisitos del Código Federal de Quiebra se cumplan.

- El F3 añade una sección que provee para la compensación de profesionales empleados ya sea por el deudor, la Junta, un comité de acreedores o un síndico que el tribunal asigne.

Los ACREEDORES SE AGRUPAN

El F3 cambia las cláusulas de acciones colectivas aplicables a la restructuración de la deuda de Puerto Rico.

- Solo para los acuerdos voluntarios existentes, el F3 añade la posibilidad de que los bonos asegurados y no asegurados se clasifiquen en diferentes grupos y se provean diferentes modificaciones para cada uno, pero solo si los titulares de la mayoría de todos los bonos no asegurados y la mayoría de los bonos asegurados acceden.

Esta aclaración, muy probablemente añadida por el acuerdo de la AEE, es importante ya que el F3 no considera el seguro como un factor en cómo se determinarán los grupos.

- Esta versión requiere un porciento mínimo del voto de los bonistas, así como de los tenedores de la cantidad de principal pendiente. Se puede hacer una modificación si los tenedores de al menos dos terceras partes de la cantidad de principal pendiente de cada grupo vota a favor, y si los tenedores de al menos una mayoría de los bonos pendientes de pago de cada grupo de emisores votan a favor.

Esto no difiere del F2 si un emisor tiene solo un grupo.

Sin embargo, si tiene más de un grupo, cada grupo debe votar por la modificación. El F3 requiere una mayoría agregada de dos niveles para las cláusulas de acción colectivas, ya que para que una modificación comprometa a cada bonista requiere una mayoría de dos terceras partes de la cantidad del grupo afectado, y una mayoría de los bonos para los demás grupos del emisor.

- El F3 añade especificaciones que establecen lo siguiente respecto a estas cláusulas de acción colectiva:

En cualquier procedimiento judicial sobre este título, las leyes Federales, estatales o territoriales de los Estados Unidos, según apliquen, regirán y aplicarán independientemente y sin referencia a ninguna ley de cualquier jurisdicción internacional o extranjera.[5]

Presumo que esta sección se añadió porque las cláusulas de acciones colectivas como las que se incluyeron en el F3 se ven mayormente en las emisiones de bonos de deuda soberana.

SEGUIMOS YENDO
DE VUELTA AL FUTURO

El F3 otorga poderes inconmensurables a la Junta sobre los activos y recursos de Puerto Rico. La Junta será quien decida y establezca, mediante los planes fiscales y presupuestos que "certifique", la política pública y prioridades sociales de Puerto Rico.

El F3 mantiene intacta la exención de responsabilidad otorgada a la Junta, sus miembros y sus empleados "de cualquier obligación o demanda contra la Junta de Supervisión, sus miembros o empleados, o el gobierno territorial que surja como resultado de las acciones tomadas para implantar esta Ley".[6]

Esta exención sería sensata si no dejara al gobierno de Puerto Rico como la única entidad responsable de responder por las demandas basadas en decisiones tomadas, y acciones ejecutadas, por la Junta, sus miembros y sus empleados.

El F3 tampoco modificó la autorización concedida a la Junta para hacer negocios en sesiones ejecutivas, con solo los miembros con derecho a voto de la Junta presentes, y sin un requisito de hacer esa información pública.

Hasta el proceso de privatización que está bajo el control absoluto del Coordinador de Revitalización exime al coordinador o coordinadora de responsabilidad. Aunque el proyecto establece que la Junta puede implantar acciones para garantizar cumplimiento con respecto al programa de privatización, se refiere a una sección del proyecto que aplica solamente a los empleados del gobierno de Puerto Rico.

La Junta no solo puede reunirse en secreto y no divulgar los asuntos discutidos, sino que también puede tomar decisiones y emitir órdenes por las que no tiene que responder pero que el pueblo debe acatar.

Anticipo que habrá muchas peticiones de instrucciones escritas y detalladas.

[CUARTA PARTE]

Los que pueden, votan

[14]

El Comité

EL 25 DE MAYO DE 2016, el Comité de Recursos Naturales de la Cámara aprobó el proyecto de la PROMESA. El 24 de mayo[1] y el 25 de mayo[2] se celebró la sesión para darle forma final al proyecto (*markup*), durante la cual el Comité consideró 34 enmiendas, adoptó 11 y aprobó el proyecto con una votación de 29 a 10.

¿CUÁL ES EL PROCESO PARA VOTAR?

Los proyectos de ley se refieren al comité pertinente, que es el que tiene jurisdicción sobre el tema que trate la legislación. El comité estudia el proyecto, recibe testimonios y celebra vistas públicas.

El Comité de Recursos Naturales de la Cámara celebró vistas públicas sobre el proyecto de la PROMESA el 12 de enero de 2016, el 2 de febrero de 2016, el 25 de febrero de 2016 y el 13 de abril de 2016.

El primer y el segundo borrador del proyecto fueron publicados luego de la tercera vista (específicamente el 24 y el 29 de marzo). El tercer borrador se presentó en la Cámara el día antes de la cuarta vista pública (12 de abril). El cuarto borrador, el último, se presentó en la Cámara el 18 de mayo de 2016.

Después de las vistas públicas, el comité decide si preparará un informe sobre la medida, es decir, si continúa estudiando la legislación, hace las enmiendas necesarias y, finalmente, la refiere a la Cámara en pleno para consideración. Un proyecto también puede ser engavetado, es decir que se determina no tomar más acción con el mismo.

La reunión del comité en que se hace esto es una sesión deliberativa, llamada en inglés *markup*, en la que se presentan enmiendas, se discuten y se llevan a votación. Luego de esta sesión, por lo general el comité prepara un informe que describe los propósitos y disposiciones del proyecto, con una recomendación para que el pleno apruebe el proyecto y las razones para favorecerlo. Como parte del contenido del informe se incluye un estimado de los costos que el proyecto conllevaría si se convierte en ley, así como un análisis del proyecto sección por sección.

La consideración de un proyecto ante el pleno de la Cámara puede estar regida por una regla, que es una resolución aprobada por la Cámara que establece las particularidades del debate para el proyecto: la cantidad de tiempo asignado para debatir, si se pueden presentar enmiendas, etc.

Una vez se concluye el debate y se deciden las enmiendas, la Cámara vota para la aprobación final del proyecto. La votación puede registrarse mediante el sistema de votación electrónica que registra la respuesta individual de cada miembro. Las votaciones en la Cámara también pueden hacerse a viva voz, en cuyo caso no hay récord de las respuestas individuales de cada representante.

Después de que una medida se aprueba en la Cámara, pasa al Senado para consideración, donde sigue un proceso legislativo similar.

Una vez que una medida fue aprobada de igual manera tanto por la Cámara como por el Senado, la misma se considera como aprobada (*enrolled*) y se envía al Presidente para que la firme y la convierta en ley.

LAS ENMIENDAS

En su sesión deliberativa, el Comité consideró 34 enmiendas y aprobó 11 que discutiré en este capítulo.

LA ENMIENDA QUE PRESENTARON LOS REPRESENTANTES GRAVES Y POLIS

Esta enmienda[3] añade una sección 410 al proyecto para requerirle a la GAO que presente un informe que debe describir: las condiciones que llevaron al nivel de deuda per cápita basado en la actividad económica general; cómo las acciones del gobierno territorial mejoraron o afectaron las condiciones financieras del territorio; y "recomendaciones sobre acciones que no sean de índole fiscal ni políticas que puedan afectar la seguridad nacional, que pudieran tomar el Congreso o la Administración para evitar el endeudamiento futuro de territorios, estados o unidades de gobierno local respetando los parámetros de soberanía y constitucionalidad".

La enmienda no establece una fecha límite para este informe de la GAO. Además, el lenguaje es confuso. El primer párrafo parece aplicar a los territorios, estados y sus unidades de gobierno local; el segundo solo aplica a los territorios; y el tercero aplica a los territorios, estados y sus unidades de gobierno local.

Aunque la discusión de la enmienda giró en torno a una investigación sobre las causas de la crisis en Puerto Rico, para que pueda haber "lecciones aprendidas" aplicables a otras jurisdicciones, la enmienda incorpora un lenguaje más inclusivo.

LA ENMIENDA QUE PRESENTARON LOS REPRESENTANTES GRAVES Y BEYER

Su enmienda[4] concede a la Junta el poder de "investigar las prácticas de divulgación y venta relacionadas con la compra de bonos emitidos por" el gobierno de Puerto Rico y comprados por inversionistas al detal, incluyendo "cualquier subrepresentación del riesgo para dichos inversionistas y cualesquiera relaciones o conflictos de interés que pueda tener dicho corredor, traficante o asesor de inversiones".

Los señores Graves y Beyer dijeron que presentaron la enmienda porque habían recibido quejas sobre los mecanismos de mercadeo, divulgación y venta de los valores del gobierno de Puerto Rico.

Sin embargo, la enmienda es bien, bien interesante ya que esta es la esfera de competencia de la Comisión de Valores e Intercambio (Securities and Exchange Commission [SEC, por sus siglas en inglés]). También es una invitación para investigar a Wall Street, tanto a las empresas financieras como a los bufetes de abogados.

La deuda emitida por Puerto Rico se estructuró y negoció con aseguradores, corredores, abogados y consultores de firmas de Wall Street. Me sorprende que esto se haya incluido en el proyecto.

LA ENMIENDA QUE PRESENTARON LOS REPRESENTANTES POLIS Y BENISHEK

Esta enmienda[5] cambia la forma en que el Grupo de Trabajo Congresional se designa. Ahora los miembros se deben nombrar en coordinación con el Presidente del Comité de Recursos Naturales de la Cámara o con el Presidente del Comité de Medios y Arbitrios. En el Senado, por su parte, en coordinación con el Presidente del Comité de Energía y Recursos Naturales o con el Presidente del Comité de Finanzas. La enmienda cambia la fecha límite para la designación de los miembros a 15 días después de la aprobación de la ley, en lugar de 30. También añade un requisito de que para el 15 de septiembre de 2016 el Grupo de Trabajo presente un informe actualizado de sus trabajos tanto a la Cámara como al Senado.

El propósito que se indica es que es para incorporar Comités con jurisdicción sobre las medidas para favorecer el crecimiento económico que el Grupo de Trabajo pueda recomendar. El informe de estatus es para darle al Congreso la oportunidad de reaccionar a los hallazgos preliminares mientras estuviera aún en sesión.

LAS DOS ENMIENDAS QUE PRESENTÓ EL REPRESENTANTE BISHOP DE UTAH

Las disposiciones principales de estas[6] enmiendas[7] son para reincorporar al proyecto las disposiciones del F2 que nombraban al gobernador de Puerto Rico como miembro ex oficio de la Junta y que establecían el término de servicio de los miembros de la Junta, las cuales se habían eliminado en el F3. También incorpora un cambio en el lenguaje del F2 sobre la designación del Presidente de la Junta, ya que ahora requiere que la designación se haga dentro de los primeros 30 días de que los miembros de la Junta se hayan designado en tu totalidad.

Además, aclara que el acuerdo de una mayoría en términos de la cantidad de bonos reclamados a entrar en un acuerdo voluntario no altera los derechos legales de los bonistas que no hayan accedido al acuerdo.

Me parece que esta enmienda mata la posibilidad de un acuerdo voluntario bajo el Título VI (las cláusulas de acción colectiva), si los tenedores de bonos que disientan aún pueden litigar.

Según expuesto en la discusión, el propósito es proteger el acuerdo entre la AEE y un grupo de sus bonistas.

Este fue el único aspecto de las enmiendas del señor Bishop que se discutió en la sesión deliberativa.

La enmienda añade una disposición para la redesignación de miembros de la Junta, y provee para que un miembro de la Junta sirva durante términos consecutivos, siempre y cuando se cumpla con el requisito de que la "vacante en la Junta de Supervisión se llenará de la misma forma en que se designó el miembro original".

En otras palabras, siempre que el miembro del Congreso que proveyó la lista que llevó a la nominación del miembro de la Junta lo o la vuelva a incluir en la lista.

La enmienda también elimina la definición de "reclamación de mayor jerarquía".

LAS DOS ENMIENDAS QUE PRESENTÓ EL REPRESENTANTE GALLEGO

Una enmienda[8] requiere que en caso de que el Grupo de Trabajo Congresional celebre vistas públicas, una de ellas debe ser en Puerto Rico.

La segunda enmienda,[9] y la única de las enmiendas que se aprobó por votación nominal (con un voto de 19-18), añade que el informe del Grupo de Trabajo debe incluir una determinación respecto al "acceso equitativo de Puerto Rico a los programas de servicios de salud federales".

Una votación nominal es una votación en la que el voto de cada miembro del Congreso se registra y crea un récord permanente del voto.

El argumento principal contra esta enmienda lo presentó el representante Labrador, quien expuso que "lo que esta enmienda hace en efecto es poner un sello en el proyecto diciendo que nosotros [el Congreso] estamos pidiendo fondos adicionales. Hemos recibido ataques de que... la gente ha estado diciendo que este proyecto es una vía hacia un rescate y yo creo que si en realidad fomentamos que este grupo de trabajo evalúe la posibilidad de enviar más dinero a Puerto Rico, [esta ley] se convertirá en uno [rescate], y que creo que esta enmienda debe ser derrotada".

La enmienda que presentó el representante Hice

Esta enmienda[10] establece que la Junta puede requerir su aprobación previa para "contratos con entidades gubernamentales o corporaciones gubernamentales en lugar de con empresas privadas".

El señor Hice cree que uno de los "objetivos claves" del proyecto debe ser "asegurar que nosotros [el Congreso] promovamos y fomentemos la libre competencia del mercado para mejorar la economía general de Puerto Rico en todas las industrias", y presenta a la AEE como un ejemplo de la "dependencia excesiva en el sector público" y como la razón por la cual el gobierno de Puerto Rico ha fallado.

Parece que para el señor Hice la disposición de servicios intergubernamentales es sospechosa. Noten el lenguaje de la enmienda: si una entidad gubernamental quiere que otra entidad gubernamental le provea servicios, la Junta debe aprobar el contrato. El señor Hice se refiere solo al servicio de energía eléctrica, pero también hay, por ejemplo, servicios legales y contables que una entidad gubernamental puede ofrecerle a otra.

Debe haber muchas corporaciones de EE.UU. con los ojos puestos en el "mercado-por-la-libre-para-el-sector-privado-en-que-todo-ser-humano-es-un-consumidor" que el Congreso de EE.UU. ha diseñado para Puerto Rico.

LA ENMIENDA QUE PRESENTÓ EL REPRESENTANTE MACARTHUR

La enmienda[11] incluye la Sección 701 para informar que es:

la impresión del Congreso que cualquier solución duradera para la crisis económica y fiscal de Puerto Rico debe tener reformas permanentes de crecimiento fiscal que incluyan, entre otros elementos, un flujo libre de capital entre las posesiones de Estados Unidos y el resto de los Estados Unidos.

Esto es un ejemplo de una "impresión del Congreso" que expresa una opinión.

LA ENMIENDA QUE PRESENTÓ
EL REPRESENTANTE ZINKE

Su enmienda[12] añade un estudio específico para el Grupo de Trabajo Congresional sobre:

el efecto económico de la Orden Administrativa Núm. 346 del Departamento de Salud del Estado Libre Asociado de Puerto Rico (relacionada con los productos naturales, los suplementos naturales y los suplementos nutricionales) o cualquier orden, reglamento o normativa sucesiva o sustancialmente similar del Estado Libre Asociado de Puerto Rico.

La Orden Administrativa[13] a la cual la enmienda se refiere aplica a productos que se venden sin receta cuyas etiquetas los identifican como suplementos nutricionales, suplementos dietéticos o productos "naturales". La orden, que aplica disposiciones de una ley aprobada en el 2004, requiere que los distribuidores y manufactureros presenten al Departamento de Salud de Puerto Rico su documentación de la Administración Federal de Drogas y Alimentos (Food and Drug Administration [FDA, por sus siglas en inglés]) antes de poder vender sus productos en Puerto Rico. Esto es algo que los manufactureros deben poder proveer a sus distribuidores sin ningún problema —si en efecto cumplen con los reglamentos de la FDA—.

El Departamento de Salud está tratando de mejorar la seguridad de los consumidores puertorriqueños ante estos alegados productos naturales, que es lo que el Departamento de Salud se supone que haga. Y lo está haciendo requiriendo evidencia a los distribuidores y manufactureros de productos de que cumplen con los reglamentos de la FDA, ya que el Departamento de Salud no tiene evidencia del cumplimiento.

El señor Zinke argumenta que esto es oneroso porque duplica lo que la FDA ya está haciendo. Alega que el propósito de la enmienda es estudiar si la orden está afectando a los manufactureros estadounidenses que quieren crecer y producir en Puerto Rico, pero no pueden por causa de esta Orden Administrativa.

Yo no veo nada malo en que el Departamento de Salud solicite evidencia de cumplimento con los reglamentos del FDA sobre manufactura y mercadeo antes de autorizar la venta de estos productos sin receta en Puerto Rico. Pero, parece que personas mucho más poderosas que yo discrepan.

E, interesantemente, los miembros del Congreso que se opusieron a que el Grupo de Trabajo preparara un estudio sobre los efectos económicos del acceso limitado de Puerto Rico a los programas federales de cuidado de salud no tuvieron objeción para votar a favor de este estudio.

Todo está en las prioridades de cada cual.

LA ENMIENDA QUE PRESENTÓ EL REPRESENTANTE GRAVES

Su otra enmienda[14] clarifica que "no se autorizarán fondos federales mediante esta Ley para el pago de ninguna obligación del territorio o de ninguna instrumentalidad territorial".

El señor Graves declara que la enmienda "está diseñada para evitar un rescate. Esta disposición está diseñada para dejar claro que esta ley no pone fondos federales sobre la mesa...".

LA VOTACIÓN NOMINAL

El proyecto pasó en el Comité por una votación de 29 a 10, con un representante que votó presente en sala. Los diez votos en contra de aprobar el proyecto fueron de representantes republicanos.[15]

[15]

El informe del comité

EL INFORME DE LA sesión deliberativa[1] merece su propio capítulo. El informe que preparó el Comité incluye un resumen de cada sección del proyecto y la justificación para algunas de ellas. Tiene fecha del 3 de junio de 2016. Incluiré aquí el lenguaje más revelador de las intenciones del Congreso de EE.UU. respecto a Puerto Rico.

SOBRE EL PROYECTO

Respecto a la creación de la Junta y la designación de sus miembros, el informe dice que el proyecto:

> Provee para el nombramiento de siete individuos a la Junta de Supervisión mediante un proceso que garantice que una mayoría de sus miembros sean en efecto escogidos por los líderes congresionales republicanos en un periodo de tiempo expedito, a la vez que se preserva el rol constitucional del Presidente de hacer los nombramientos.[2]

Sobre las listas de nominados, el informe aclara el rol del Senado que discutí en el capítulo 11:

> Una vez se proveen las listas, el Presidente tiene hasta el 30 de septiembre de 2016 para ya sea seleccionar de las listas o nombrar a alguien con el consejo y consentimiento del Senado. Si el Presidente no llegara a designar a todos los miembros para esa fecha límite, entonces el Presidente debe seleccionar candidatos de las listas provistas antes del 1 de diciembre de 2016.[3]

En cuanto a los acuerdos voluntarios preexistentes en la sección 104(i)(3), el informe levanta el punto de que la protección de escrutinio por la Junta concedido a estos acuerdos puede usarse "para justificar acuerdos mal pensados y de última hora que pretendan evitar el escrutinio de la Junta. Por tanto, cualquier aclaración que se haga a este párrafo proveerá una fecha específica para la cual las negociaciones voluntarias se deben haber completado".[4]

El informe establece claramente que uno de los requisitos de los planes fiscales es que deben incorporar todas las recomendaciones que la Junta haga: "estos documentos incorporen los requisitos incluyendo todas las recomendaciones que la Junta de Supervisión haya hecho conforme a la Sección 205".[5] Y el informe además añade que la "Junta puede incorporar cualesquiera recomendaciones —aun las que no sean adoptadas por la Asamblea Legislativa o el Gobernador— en el desarrollo de los planes fiscales".[6]

Esta es la conclusión a la cual llegué en el capítulo 6. El informe no deja duda alguna de que la Junta estará a cargo de determinar la política pública y las prioridades para Puerto Rico mediante sus recomendaciones.

En cuanto a las obligaciones de pensiones, el informe menciona que:

El Comité reconoce la preocupación sobre la ambigüedad del lenguaje respecto al financiamiento de los sistemas públicos de pensiones. Para aclarar, la Sección 201(b)(1)(C) comisiona a la Junta de Supervisión que garantice que los planes fiscales "provean financiamiento adecuado para los sistemas públicos de pensión". Este lenguaje no se debe interpretar como que se repriorizan las responsabilidades de las pensiones sobre las prioridades legales o los gravámenes preferenciales de los bonistas según dispuesto en la Constitución, las leyes y otros acuerdos del territorio. Aun cuando este lenguaje tiene el objetivo de proveer un nivel adecuado de financiamiento para los sistemas de pensiones, no provee para que las pensiones sean excesivamente favorecidas sobre otras deudas en una restructuración.[7]

Esto es claramente para tratar de proteger a todos los acreedores que estaban cabildeando para recibir trato especial, y de influir sobre el tribunal que presidiera en el caso de cualquier restructuración de deuda de modo que las protecciones que se conceden a los pensionados en quiebras municipales en EE.UU. no se concedieran a los pensionados puertorriqueños.

Sobre el tribunal ante el cual se pueden llevar procedimientos de restructuración de deuda, el proyecto establece que puede ser el tribunal que la Junta "determine a su entera discreción". Sin embargo, el informe indica claramente su preferencia: "En el caso de Puerto Rico, la jurisdicción probablemente será en el Distrito de Columbia".[8]

Parece que le he estado cantando a la ciudad equivocada.

El informe enfatiza categóricamente que la privatización de los activos de Puerto Rico — la "revitalización de la infraestructura"— esta "basada" en la Ley 76-2000 de Puerto Rico.[9]

El capítulo 5 discute las disposiciones de la Ley 76-2000 y cómo el Congreso de EE.UU. cínicamente pervierte su propósito en este proyecto.

Sobre la elegibilidad de los proyectos de infraestructura críticos, el informe aclara que:

El Comité no pretende que los proyectos que no son aprobados como proyectos críticos o que se estima que son inelegibles para recibir la designación de proyectos críticos estén impedidos de resolicitar una designación de proyecto crítico. Si un proyecto recibe una determinación adversa, el Comité alentaría al proponente del proyecto a enmendar su propuesta y resometerla para obtener la designación de proyecto crítico.[10]

Es decir, en este informe el Comité de Recursos Naturales de la Cámara está "alentando" a los proponentes que no logran demostrar que sus proyectos son "críticos" a que traten de nuevo. El proyecto establece un proceso que el Zar de Privatización y la Junta deben seguir, pero los miembros del Comité aparentemente sienten la necesidad de apoyar a los proponentes en la distancia. ¡Santos cielos!

El informe incorpora el costo estimado que preparó la Oficina de Presupuesto Congresional, el cual discuto en el próximo capítulo.

Opiniones adicionales

El informe también incorpora opiniones adicionales del representante Pierluisi (el único representante de Puerto Rico en el Congreso de EE.UU., que no tiene derecho al voto) y el representante Grijalva.

"Opiniones adicionales" significa que no son opiniones de consenso del Comité, sino que solo reflejan las opiniones de sus autores.

El representante de Puerto Rico

Las siguientes opiniones que presentó el señor Pierluisi merecen destacarse:

El proyecto H.R. 5278 es excepcional en la medida en que fue el producto de una ardua negociación bipartidista lograda en un periodo intensamente partidista en la vida política americana, y en la medida en que ha sido exitoso hasta la fecha a pesar de una campaña de cabildeo bien financiada y a menudo deshonesta en contra del proyecto. El proyecto es imperfecto —como por definición lo son todos los compromisos— pero también es indispensable para todos mis constituyentes. De esto no tengo la menor duda. En la sesión deliberativa (markup) del 25 de mayo de 2016 del proyecto H.R. 5278, una coalición bipartidista de los miembros del Comité permaneció unida para derrotar múltiples enmiendas diseñadas para matar o debilitar severamente el proyecto. Las enmiendas que fueron aprobadas fortalecen el proyecto o son de naturaleza puramente técnica.

A muchas personas que siguen estos procesos, incluyendo algunos de mis colegas congresistas, les gusta citar una causa de la crisis en Puerto Rico, concretamente la mala administración a nivel local. Pero ignoran la otra causa de la crisis, que es la inequidad al nivel federal propiciada por el estatus de Puerto Rico como territorio —el lugar de estado— de los Estados Unidos. Tal vez a estos que comentan les resulte cómodo adjudicarle toda la culpa a Puerto Rico, pero es una comodidad falsa fundamentada en una lectura equivocada de la historia. El trato de segunda clase al que mis constituyentes están sujetos, como consecuencia de nuestro estatus de segunda clase, debe terminar. No será bajo PROMESA, pero confío en que ocurrirá pronto.[11]

Los diez votos en el Comité en contra de que se reportara el proyecto fueron de republicanos. De acuerdo con partes de prensa, la razón principal dada por aquellos que hablaron públicamente fue que Puerto Rico no debía tener ninguna posibilidad de restructurar su deuda.

Las prisión de deudores de los siglos XVIII y XIX sigue vivita y coleando.

El gobierno de Puerto Rico y la Junta de Supervisión deben trabajar juntos como socios para la prosperidad, no como rivales triviales luchando por poder. Si el gobierno de Puerto Rico hace bien su trabajo, la Junta tendrá un rol limitado y cesará operaciones en pocos años.[12]

En este punto, yo discrepo. Un comportamiento como ese de parte de EE.UU. y de sus representantes requeriría un cambio de casi 180 grados en la actitud que históricamente han tenido hacia Puerto Rico.

No estoy tan esperanzada como nuestro representante parece estar. Pero, sí, me encantaría que me demuestren que estoy equivocada.

Sobre la reducción del salario mínimo para los trabajadores jóvenes, el señor Pierluisi señala:

En un proyecto por lo demás bipartidista, este es el único asunto en que se puede decir que la ideología ha dominado sobre la inteligencia. Sin embargo, no anticipo que el gobierno de Puerto Rico jamás vaya a usar esta autoridad, por tanto su impacto real será cero. En consecuencia, no vale la pena descartar el proyecto completo por esta disposición sin sentido y, en última instancia, irrelevante.

El resultado más probable de eximir a Puerto Rico del salario mínimo federal sería desalentar a los individuos de trabajar en la economía formal, propiciar que más individuos trabajen en la economía informal, proveer incentivos adicionales para que los individuos dependan en programas de asistencia del gobierno en lugar de trabajar y aumentar el ya histórico nivel de migración de Puerto Rico a los estados. No conozco ni un solo economista en Puerto Rico que haya argumentado lo contrario.[13]

Sobre los poderes y responsabilidades de la Junta, el señor Pierluisi cree que:

En general, la Junta de Supervisión, que no es una entidad federal, proveerá barandas protectoras para el gobierno de Puerto Rico, pero no suplantará ni reemplazará los líderes electos, quienes retendrán el control primario sobre el presupuesto y las determinaciones de política pública.

La meta es que el Gobernador y la Junta puedan trabajar juntos por el beneficio del pueblo de Puerto Rico, no para tener estructuras de gobierno paralelas.[14]

Como no es de extrañar, creo que estas declaraciones son engañosas. Si todas las decisiones, leyes, reglamentos y presupuestos están sujetos a la aprobación de la Junta, el gobierno de Puerto Rico no tiene "control primario sobre el presupuesto y las determinaciones de política pública". Más aún, la amplia autoridad de revisión y aprobación que se otorga a la Junta sí requiere una estructura de gobierno paralela si es que la Junta ha de cumplir con las responsabilidades que este proyecto le atribuye.

Una cosa es especular sobre cómo la Junta se comportaría y cuán dispuesta estaría de trabajar como asesora del gobierno de Puerto Rico en lugar de como su supervisora. Pero baso mi análisis, que admito es pesimista, en lo que el proyecto expresamente concede a la Junta, y en cómo los representantes designados por EE.UU. históricamente se han comportado hacia Puerto Rico, así como en las declaraciones que han hecho los miembros del Congreso de EE.UU. que estarán proponiendo candidatos para la Junta.

Conforme al proyecto, el gobierno de Puerto Rico y sus oficiales electos han sido degradados a oficinistas al servicio de la Junta. Solo porque el gobierno de Puerto Rico puede preparar los primeros borradores de los presupuestos y los planes no significa que tiene el "control primario sobre el presupuesto y las determinaciones de política pública".

Las "múltiples oportunidades" "concedidas" al gobierno de Puerto Rico para responder a las objeciones de la Junta, que están siendo pregonadas por el señor Pierluisi y otros miembros del Congreso como prueba del control del gobierno de Puerto Rico, son solo "múltiples oportunidades" para cumplir con instrucciones.

Por último, respecto al estatus político de Puerto Rico y su efecto sobre el crecimiento económico, el señor Pierluisi dijo:

El público americano y sus oficiales electos deben aceptar un hecho fundamental, que es que la causa principal de los problemas económicos, fiscales y demográficos de Puerto Rico es su estatus político antidemocrático y desigual.

El estatus de Puerto Rico como un territorio no es un problema abstracto o teórico. Es un agravio moral, social y político con consecuencias prácticas devastadoras para los hombres, mujeres y niños que represento.

El momento ha llegado para que mis constituyentes tengan equidad en esta unión o para que tengan independencia fuera de ella.[15]

No hay peor ciego que el que no quiere ver.

[16]

Lo que aún no sabemos: ¿Cuánto costará el control?

EL 25 DE MAYO DE 2016, el Comité de Recursos Naturales ordenó a la Oficina de Presupuesto Congresional (*Congressional Budget Office* [CBO, por sus siglas en inglés]) que preparara un estimado de costos para la implantación de la PROMESA.

La CBO emitió su informe[1] el 3 de junio de 2016 y presentó un costo estimado de $370 millones para las operaciones de la Junta.

El informe concluye que la "junta de control"[2] que se establece en el proyecto es una "entidad federal" por el "grado significativo de control federal" que conlleva su establecimiento y operaciones. Por tanto, los flujos de efectivo relacionados con los costos administrativos de la Junta se deben registrar en el presupuesto federal.

LOS REEMBOLSOS

La CBO calcula que para el periodo de 2017-2026 los costos operacionales de la Junta serían $370 millones. Sin embargo, como el gobierno de Puerto Rico sería quien pague los costos mediante transferencias al gobierno de EE.UU., la Junta de control "no tendría ningún efecto neto significativo sobre el déficit federal".

Aunque el proyecto especifica que la "junta de control" no se considerará parte del gobierno de EE.UU., la CBO establece que como las actividades de la Junta son actividades federales, deben incluirse en el presupuesto federal.

Las cantidades que Puerto Rico provea para financiar las operaciones de la Junta deben registrarse en el presupuesto federal como ingresos, y los gastos deben registrarse con gastos federales directos.

LOS COSTOS DE LA JUNTA

La CBO estima en $1 millón los costos de preparar los diversos informes requeridos por el proyecto en el 2017, así como los gastos de sus necesidades administrativas.

Estos son los estimados de la CBO de los gastos de la Junta para los años 2017-2022:

2017	$200 millones
2018	$150 millones
2019	$5 millones
2020	$5 millones
2021	$5 millones
2022	$5 millones

El periodo de 2017-2022 totaliza $370 millones en gastos, y el costo que estimó la CBO para el periodo de 2023 al 2026 es de cero.

Además del costo de $1 millón que la CBO estima que harán falta en el 2017 para la preparación de informes y el pago de gastos administrativos, la oficina estima que los costos discrecionales de implantar el proyecto aumentarían por menos de $500 mil en los años subsiguientes.

Entiendo que esto se refiere solo al periodo de 2018-2022, ya que ese es el periodo que la CBO considera que la Junta estará activa.

En su análisis, la CBO:

examinó los costos administrativos —particularmente por el peritaje legal y financiero requerido para supervisar los procedimientos relacionados con quiebra y restructuración de deuda— en que incurrieron las instituciones involucradas en resolver la crisis financiera que enfrentaron entidades gubernamentales en EE.UU., incluyendo Detroit, Filadelfia, la Ciudad de Nueva York y el Distrito de Columbia.[3]

Citando un informe de Bloomberg del 2015, la CBO señala que Puerto Rico y la AEE han gastado sobre $60 millones en servicios de asesoría legal y financiera. También reporta que oficiales del gobierno de Puerto Rico indicaron a la CBO que anticipaban gastar cerca de $75 millones en el 2017 para dichos propósitos.

La CBO también recibió información del Departamento del Tesoro Federal "sobre los costos probables de operar la Junta de Supervisión puertorriqueña". La CBO:

> Anticipa que la junta gastaría aproximadamente el doble de lo que gastó la ciudad de Detroit durante los próximos dos años para restructurar [su] deuda y para preparar presupuestos balanceados.[4]

La CBO anticipa que del total de $370 millones estimado para seis años, unos $350 millones se gastarían "durante los primeros dos años y cubriría primordialmente honorarios de consultores legales y financieros contratados para restructurar la deuda de Puerto Rico".[5] La CBO estima que una vez se logre la restructuración, la Junta gastaría solo $5 millones anuales,

> para ayudar al gobierno de Puerto Rico a preparar y ejecutar presupuestos balanceados durante los siguientes cuatro años consecutivos según requiere la ley o hasta el año fiscal 2022.[6]

La CBO preparó sus estimados presumiendo que los gastos de la Junta serían transferidos directamente a la Junta por el gobierno de Puerto Rico según sea necesario para pagar gastos, aunque se registrarían en el presupuesto del gobierno Federal.

Los costos para Puerto Rico

Considerando los poderes absolutos y la discreción que el proyecto le da a la Junta, la CBO estima que:

Las entidades públicas [de Puerto Rico] gastarían varios cientos de millones de dólares durante los próximos años para cumplir con los requisitos de la junta y para implantar nuevos planes fiscales. La CBO anticipa que la mayoría de esos costos se incurrirían en los primeros años luego de la aprobación de la legislación, cuando la junta estaría activa.[7]

LOS DOS PROBLEMAS PRINCIPALES CON ESTE ESTIMADO

En cuanto a los costos operacionales de la Junta, la CBO basó sus estimados en los costos de la restructuración de la deuda incurridos por la ciudad de Detroit, que tenía deuda pendiente de $18,000 millones. La CBO señala que duplica esa cantidad, la distribuye entre los primeros dos años en que la Junta operará y ahí deja la cosa.

1. Detroit es una ciudad, obviamente con una estructura gubernamental más simple que la de Puerto Rico.

2. La restructuración de deuda de Detroit se hizo en el marco de un procedimiento de quiebra, que no es el proceso que se puede usar para estructurar la deuda de Puerto Rico.

3. Restructurar la deuda de $18,000 millones de una ciudad es muy diferente de restructurar la deuda de $70,000 millones de un país emitida por 18 entidades diferentes pero relacionadas que pueden tener fuentes de repago en común.

4. El estimado de la CBO no refleja la metodología que la CBO dice haber usado. El informe de la CBO dice que "la ciudad de Detroit gastó más de $170 millones

en un periodo de unos 18 meses por los servicios de firmas legales y financieras para manejar los procedimientos de quiebra relacionados con la deuda pública de $18,000 millones de la ciudad".[8] La proyección de esa cantidad a lo largo de un periodo de dos años es $226 millones, que duplicada, según dice la CBO que hizo, sería más de $450 millones. Entonces, ¿por qué el estimado de la CBO para estos dos años para este propósito es de $350 millones?

5. El estimado de $350 millones de la CBO solo se basa en los costos de "servicios de firmas legales y financieras para manejar los procedimientos de quiebra" y es el costo total que estimó la CBO para las operaciones de la Junta.

6. La CBO no estimó el costo de operación de la Junta, ni los costos de su personal y los reembolsos de los gastos de los miembros de la Junta, para esos primeros dos años. Estimó solamente los costos de la restructuración de la deuda. El estimado no incluye ningún costo por todas las otras encomiendas que el proyecto le ha asignado a la Junta.

7. La CBO ignora los costos del Coordinador de Revitalización, así como los costos de los asesores que la Junta pueda querer tener para otros asuntos no relacionados con la restructuración de la deuda.

8. Para los años 2019-2022, la CBO estima los costos operacionales de la Junta en solo $5 millones anuales, pero no explica la metodología que usa para llegar a ese estimado. ¿Incluye esto el costo de todo el

personal, los asesores y los consultores legales y financieros?

Los $370 millones para el periodo de 2017-2022 es un subestimado que no se justifica ni siquiera por el análisis que la CBO dice que hizo, e ignora todas las demás encomiendas que el proyecto le asigna a la Junta; tareas que van mucho más allá que las que los supervisores de la restructuración de la deuda de Detroit tuvieron que hacer.

El estimado anual de $5 millones también es muy bajo, considerando todo el personal que la Junta necesitará para cumplir con todo lo que el proyecto le requiere que haga.

El segundo asunto son los costos en que el gobierno de Puerto Rico tendrá que incurrir para cumplir con los requerimientos que la Junta haga, así como "aquellas que emanen de las decisiones que tome la junta de control establecida al amparo del proyecto".[9] La CBO menciona que estos costos se estiman en "varios cientos de millones de dólares"[10] por el lapso que la "junta esté activa", que la CBO estima es hasta el 2022. ¿Cuánto son "varios"? ¿Trescientos millones? ¿Cuatrocientos millones? ¿Novecientos millones? El informe de la CBO no dice.

Aunque, para ser justos, no tiene que decirlo. La CBO se preocupa por el presupuesto federal y los costos federales, y no por los costos que el proyecto del Congreso de EE.UU. pueda generarle al gobierno de Puerto Rico.

Sin embargo, el informe levanta el punto, aunque en términos generales, de que el proyecto podría aumentar los costos para Puerto Rico por "varios cientos de millones de dólares" si bien no discute el impacto que estos costos considerables tendrán en la implantación del proyecto, en la posible restructuración de la deuda y en la salud fiscal de Puerto Rico.

LA CIFRA FINAL

El único estimado de costos que pude extraer de este informe es que los gastos exclusivamente relacionados con el peritaje legal y financiero por la restructuración de la deuda pueden ser $450 millones durante los primeros dos años (si sigo la metodología descrita en el informe).

No hay ningún estimado para el costo total de la Junta, ya que no está claro si "los servicios de las firmas legales y financieras" incluyen los costos del personal de la Junta y los costos de otros consultores cuyos servicios no estén relacionados con la restructuración de la deuda.

Si, en efecto, no incluye ninguno de esos factores, el estimado de la CBO de $400 millones para los primeros dos años de operación de la Junta es tan bajo que no sirve.

[17]

La Cámara

EL PROYECTO DE LA PROMESA se llevó a votación en la Cámara de Representantes de EE.UU. el 9 de junio de 2016. La Cámara aceptó siete enmiendas y aprobó el proyecto con una votación de 297-127.

REGLAS DE DISCUSIÓN Y DEBATE

Cuando un proyecto se informa fuera[1] de un Comité de la Cámara, por lo general el Comité de Reglas lo considera para determinar las reglas bajo las cuales se debatirá en el pleno de la Cámara y cómo se presentarán las enmiendas al proyecto.

En el caso de este proyecto, el Comité de Reglas determinó[2] que se considerarían solo ocho enmiendas, de las 39 sometidas.[3]

EL TRIBUNAL LES ILUMINA EL CAMINO

En un toque magistralmente oportuno de apoyo al Congreso de EE.UU., en la mañana en que el proyecto se iba a considerar por la Cámara de Representantes, el Tribunal Supremo de EE.UU. emitió una opinión sobre uno de dos casos que tenía ante su consideración que levantaban asuntos sobre el autogobierno y la autonomía de Puerto Rico.

Como era de esperarse, en una opinión de 6-2 que emitió la juez Kagan, ex Procuradora General de EE.UU., nominada al Tribunal por el Presidente Obama, el Tribunal confirmó[4] que Puerto Rico no tiene soberanía, que el poco autogobierno que pueda tener emana de lo que el Congreso de EE.UU. se digne concederle y que todavía hoy está sujeto a los poderes plenarios del Congreso de EE.UU.

El Tribunal aplicó una "prueba histórica"[5] basada en los Casos Insulares sin desaprobar en ningún momento su lenguaje racista e intolerante y su justificación "legal".

El Tribunal, siendo impecablemente oportuno, dio al traste con los argumentos de que la PROMESA violaba el autogobierno de Puerto Rico así como a las representaciones que el gobierno de EE.UU. había hecho ante las Naciones Unidas sobre el grado del autogobierno de Puerto Rico y sobre la naturaleza de su nueva relación con EE.UU.

Al sostener que la fuente del autogobierno de Puerto Rico es el Congreso de EE.UU., el Tribunal confirma, una vez más, que la puerta está abierta para que el Congreso de EE.UU.

apruebe cualquier tipo de gobierno, regla o control que quiera imponerle a Puerto Rico, cuando le parezca conveniente y bajo las condiciones que considere convenientes.

Ese es el poder plenario, de parte del Congreso y del Tribunal.

Para quienes hayan leído sobre esto, la opinión no es de sorprender, aun cuando el Tribunal, indudablemente, pudo haber sido más elegante y menos obvio en la selección del momento para emitir su opinión.

Por tanto, en el 2016 el Tribunal basa lo que denomina como una "prueba histórica" en opiniones racistas del 1901; todavía se concibe como un protector de las aspiraciones imperialistas de EE.UU.; y casualmente ignora las representaciones que EE.UU. le dio a las Naciones Unidas sobre la condición colonial de Puerto Rico.

El Tribunal se refiere a la "cadena" que ata a Puerto Rico con el Congreso de EE.UU.;[6] y yo he hablado de los grilletes: estos son el excepcionalismo que EE.UU. se arroga y los poderes plenarios de EE.UU. que nos traen la Foraker 21.

LAS ENMIENDAS

De las ocho enmiendas debatidas, se aprobaron siete.

LA ENMIENDA QUE PRESENTÓ EL REPRESENTANTE BISHOP DE UTAH

Los cambios principales de su enmienda[7] para Puerto Rico fueron que establece el 1 de septiembre de 2016 como la fecha para la cual los miembros de la Junta deben nombrarse (del 30 de septiembre) y el 15 de septiembre como fecha límite final (del 1 de diciembre).

Además, especifica que los acuerdos voluntarios entre los emisores del gobierno de Puerto Rico y sus acreedores deben haber sido finiquitados antes del 18 de mayo de 2016 (la fecha del borrador final del proyecto que se presentó en la Cámara). También extiende a un año la fecha límite para el informe de la GAO sobre los HUBZones de Puerto Rico (de 180 días) y elimina los estados y unidades de gobierno locales del informe requerido de la GAO sobre el nivel de deuda y la condición financiera de los territorios.

La enmienda también autoriza la presencia de los "profesionales que la Junta de Supervisión estime necesarios" durante las sesiones ejecutivas celebradas por la Junta.

Además, respecto a los acuerdos voluntarios, aclara que los derechos legales de los tenedores de bonos que no hayan consentido a un acuerdo voluntario quedan inalterados, pero solo hasta que una orden de un tribunal apruebe los términos del acuerdo.

Esto resuelve el problema que planteé en el capítulo 14.

Otra disposición de la enmienda provee para el financiamiento inicial de la Junta. Requiere que tan pronto como la Junta se establezca, y en el quinto día de cada mes, el gobierno de Puerto Rico transfiera a la Junta para su uso la cantidad determinada por esta, que no será menos de $2 millones mensuales. Si finalmente la Junta decide que las cantidades que ha solicitado y recibido exceden lo que necesita para sus operaciones, la Junta deberá remitir los fondos "periódicamente" al gobierno de Puerto Rico. Las transferencias mensuales terminarán tan pronto se establezca el mecanismo del ATRACO.

¿Recuerdan el ATRACO que discutí en el capítulo 1?

La enmienda también le da a la Junta el poder de rescindir cualquier ley aprobada entre el 4 de mayo de 2016 y el nombramiento de todos los miembros de la Junta, siempre y cuando la ley "altere prioridades preexistentes de los acreedores de manera que esté fuera del curso ordinario de los negocios o que sea incompatible con la Constitución [de Puerto Rico] o [sus] leyes".

Esto se refiere a una ley aprobada el 5 de mayo de 2016 relacionada con los poderes del síndico del Banco Gubernamental de Fomento para Puerto Rico y con la prioridad con que las obligaciones del banco se pagarían si se nombrara un síndico.[8]

La enmienda del señor Bishop incorpora dos factores que la Junta "puede considerar" cuando vaya a determinar ante qué tribunal se debe presentar un procedimiento de restructuración de deuda: "los recursos del tribunal de distrito" y "el impacto sobre los testigos".

Esta es una enmienda cosmética, ya que la Junta "puede considerar" estos factores, pero no tiene que hacerlo. Todavía tiene el poder de determinar "a su entera discreción" en qué tribunal se van a presentar los procedimientos de restructuración. Este requisito se ve bien sobre el papel, pero no limita la discreción de la Junta de forma alguna.

Respecto al Coordinador de Revitalización, la enmienda elimina la prohibición de que el candidato o candidata no puede haber provisto "bienes o servicios al gobierno de Puerto Rico" "durante los pasados tres años calendario".

Esto amplía el grupo de candidatos.

En cuanto a los otros territorios, la enmienda elimina el párrafo que disponía que se puede establecer una Junta para un territorio conforme a la PROMESA si la legislatura adoptaba una resolución para solicitarlo. Para mitigar cualquier asunto de inconstitucionalidad por un trato diferente a los territorios (Puerto Rico versus los demás), la enmienda añade un párrafo que establece que si un territorio solicita que se le imponga una Junta, la ley se le aplicaría.

¡Si tan solo la ley se hubiera redactado así desde el principio! Entonces no tendría todas estas oraciones con referencias interminables a "territorios", "territorial" y esos intentos burdos por hacerla aplicar a todo el mundo.

El proyecto hubiera sido mucho más claro, en vez de este proyecto que reportaron que resulta tan engorroso de leer.

LA ENMIENDA QUE PRESENTÓ
EL REPRESENTANTE GRAVES

La enmienda[9] aclara que la Junta no puede tomar acciones que le "impidan" al gobierno de Puerto Rico "preservar y mantener los activos de transportación masiva financiados con fondos federales".

El propósito de esta enmienda es hacer que el mantenimiento de los activos de transportación masiva sea una prioridad para la Junta, ya que parte de los costos fueron financiados con una contribución del gobierno de EE.UU.

LA ENMIENDA QUE PRESENTÓ
EL REPRESENTANTE JOLLY

La enmienda[10] requiere que el informe que prepare el Grupo de Trabajo del Congreso de EE.UU. sobre el crecimiento económico de Puerto Rico incluya recomendaciones de cambios a las leyes y programas federales que sirvan para reducir la pobreza infantil.

LAS DOS ENMIENDAS QUE PRESENTÓ
EL REPRESENTANTE BYRNE

La primera[11] de las dos enmiendas sometidas por el representante Byrne establece un término de 18 meses como límite para que se presente el informe que la GAO debe preparar sobre el nivel de deuda y la condición financiera de los territorios.

La otra enmienda[12] requiere que la GAO prepare otro informe. Este tendrá que ser sometido al Congreso dentro de un plazo de un año luego de la aprobación de la PROMESA, y luego al menos cada dos años. El informe, sobre la deuda pública de cada territorio, debe incluir los niveles vigentes de deuda y proyecciones tanto de los ingresos como de las deudas; identificar los propulsores de deuda; establecer la capacidad del territorio para repagar su deuda; y "el efecto de las leyes, mandatos, procedimientos y reglamentos Federales sobre la deuda pública de cada territorio".

La enmienda que presentaron los representantes Duffy y Pierluisi

La enmienda[13] eliminaría el tope censal (basado en población) que aplica para determinar la elegibilidad para el programa HUBZone.

> *El propósito de la enmienda es mitigar, durante diez años o mientras la Junta esté activa, el tope que descalifica desproporcionadamente a los pequeños negocios de Puerto Rico del programa, ya que el número de comunidades en Puerto Rico que califican como "en situación precaria" bajo el programa HUBZone excede el tope del censo.*

La enmienda que presentaron los representantes Serrano y Velázquez

La enmienda[14] aclara que la Comisión para la Auditoría Integral del Crédito Público de Puerto Rico puede continuar realizando sus investigaciones y presentando sus informes, para que el gobierno de Puerto Rico o la Junta revisen y consideren sus hallazgos.

La Comisión se creó mediante la Ley 97-2015 de Puerto Rico para auditar la deuda de los emisores del gobierno.[15]

LA VOTACIÓN NOMINAL

La Cámara aprobó el proyecto con una votación de 297 a 127. De los representantes demócratas, 158 votaron a favor y 24 en contra. De los representantes republicanos, 139 votaron a favor y 103 en contra. Cinco demócratas y seis republicanos no votaron.[16]

EL RÉCORD DE LAS DISCUSIONES

Los debates[17] tanto sobre la resolución para establecer las reglas del debate como sobre la votación de la PROMESA, así como el debate sobre el proyecto, están disponibles en el Récord Congresional para el 9 de junio de 2016.

[18]

El Senado

EL SENADO APROBÓ LA PROMESA el 29 de junio de 2016 con una votación final de 68 a 30.

Y AHÍ COMIENZA LA PRESIÓN

El proyecto se aprobó en la Cámara y se recibió en el Senado de EE.UU. el 13 de junio de 2016. Las discusiones sobre el mismo comenzaron, teniendo como telón de fondo el incumplimiento por parte de los emisores del gobierno de Puerto Rico de los pagos totales vencederos el 1 de julio, de casi $2,000 millones.

Muchos senadores se opusieron al proyecto: algunos lo llamaron colonialista, otros querían requerir la participación de puertorriqueños como miembros de la Junta y otros querían la oportunidad de incluir enmiendas.

Mientras tanto, el Tesoro de EE.UU. estaba presionando al Senado para que aprobara el proyecto antes del 1 de julio, para que la suspensión de litigios estuviera en vigor cuando ocurriera el incumplimiento.

Los líderes senatoriales también estaban bajo presión porque la Cámara de Representantes estaba en receso hasta el 5 de julio. Esto significaba que si el proyecto era enmendado en el Senado, las enmiendas no podrían ser consideradas por la Cámara hasta después del incumplimiento.

Y como el Tribunal Supremo de EE.UU. había determinado que solo el Congreso de EE.UU., bajo la cláusula territorial de la Constitución de EE.UU., tenía el poder de tomar acción respecto al asunto (ya que el Tribunal decidió que Puerto Rico no tenía ningún poder), no había nadie a quien el Senado pudiera acudir para obtener un respiro, si en efecto quería tener la suspensión de litigios en vigor para el 1 de julio.

El proyecto se llevó a votación en el Senado el 29 de junio, luego de limitar el tiempo para debatir y presentar enmiendas. El 30 de junio de 2016 el proyecto se presentó al Presidente, quien ese mismo día estampó su firma y lo convirtió en la Ley Pública 114-187.[1]

Y VUELVE A LA CARGA EL TRIBUNAL SUPREMO DE EE.UU.

Casualmente, el 13 de junio, el día en que el proyecto se recibió en el Senado, el Tribunal Supremo de EE.UU. emitió la segunda opinión sobre el autogobierno de Puerto Rico en el otro caso que tenía ante su consideración. Nuevamente para sorpresa de nadie, esta vez en una opinión que emitió el juez Thomas, el Tribunal confirmó² que el Congreso de EE.UU. podía excluir a Puerto Rico de autorizar a sus entidades gubernamentales a declarar quiebra bajo el Capítulo 9, y que Puerto Rico también estaba impedido de autorizar su propia ley.

En una interpretación que debe tener a cada uno de los 50 estados temblando por su soberanía bajo la Décima Enmienda (ver el capítulo 8) de la Constitución de EE.UU. (y considerando que su soberanía no era el tema del caso), el Tribunal determinó que Puerto Rico estaba tan impedido de autorizar su propia ley de quiebra para sus entidades gubernamentales, como cada uno de los 50 estados estaba impedido de autorizar su propia ley fuera del Capítulo 9, incluso aunque el estado hubiera decidido no autorizar a sus entidades gubernamentales a usarla.³

Respecto a las razones por las cuales se aprobó la ley de Puerto Rico, que fue precisamente la falta de un proceso para restructurar la deuda, el Tribunal dijo que no podía "reescribir" la ley que el Congreso de EE.UU. había escrito.

El Tribunal determinó que el caso era un asunto de interpretación legal, y por tanto ignoró sus propios precedentes que requieren que el Congreso de EE.UU. justifique cualquier trato discriminatorio hacia Puerto Rico.

Y, en un intento de ignorar los asuntos relacionados con el autogobierno y el estatus político de Puerto Rico, el Tribunal usó un argumento que menoscaba la soberanía de los

50 estados bajo la Décima Enmienda de la Constitución de EE.UU.

En pocas palabras, el Tribunal dijo: "La papa caliente es toda tuya, Congreso: el territorio, los poderes plenarios. Haz lo que te parezca".

LA VOTACIÓN NOMINAL

El Senado aprobó el proyecto con una votación de 68 a 30. De los senadores demócratas, 31 votaron a favor y 11 en contra. De los senadores republicanos, 36 votaron a favor y 18 en contra. De los independientes, uno votó a favor y uno en contra. Dos demócratas no votaron.[4]

EL RÉCORD DE LAS DISCUSIONES

Los debates, tanto para la votación de cierre para establecer los límites para debatir y presentar enmiendas, así como el debate del proyecto, están disponibles en el Récord Congresional para el 27 de junio[5] y el 29 de junio[6] 2016.

[QUINTA PARTE]

Los que no pueden votar, hablan

[19]

Conclusión

EL ANÁLISIS QUE PREPARÓ el Servicio de
Investigación Congresional (*Congressional Research Service*
[CRS, por sus siglas en inglés]), fechado 1 de julio de 2016, es
una buena referencia de la PROMESA.[1] Incluye un resumen
y análisis del proyecto sección por sección, así como una
lista de otras medidas legislativas presentadas en el
Congreso de EE.UU. para atender la situación fiscal de
Puerto Rico.

La PROMESA, incluso tomándola como un intento lleno
de buena fe y mejores intenciones, se queda corta en
confrontar las razones fundamentales de la crisis por la
deuda de Puerto Rico: la falta de crecimiento económico y
de planificación a mediano y largo plazo y la carencia de
herramientas políticas para establecerlas.

Alguien más impone (y cambia) las reglas bajo las cuales
Puerto Rico tiene que funcionar. La falta de control sobre la
legislación, las normas y los reglamentos hacen mella sobre

la planificación social y económica. Estar sujetos a tratados internacionales que protegen a otras jurisdicciones y sacrifican a Puerto Rico impide que podamos diseñar estrategias integrales de desarrollo económico a largo plazo.

La ley quiere disponer una solución para los acreedores en medio de una depresión económica que no provee suficiente efectivo para hacer los pagos completos. Pero, simples reducciones presupuestarias y medidas de austeridad no proveerán a los acreedores los rendimientos astronómicos que quieren.

El Grupo de Trabajo Congresional

Los miembros

Los ocho miembros del Grupo de Trabajo son los republicanos Orrin Hatch (quien lo preside) y Marco Rubio, del Senado, y Sean Duffy y Tom MacArthur, de la Cámara. Los cuatro demócratas son Bill Nelson y Robert Menéndez, del Senado, y Nydia Velázquez y Pedro Pierluisi, de la Cámara.

Los comités

Pensé que sería interesante ver a qué comités congresionales los miembros del Grupo de Trabajo están asignados. Y esto fue lo que encontré:

1. El senador Hatch es miembro de los Comités de Finanzas; Asuntos Judiciales; y Salud, Educación, Trabajo y Pensiones;

2. El senador Rubio es miembro de los Comités de Relaciones Exteriores; Comercio, Ciencia y Transportación; y Pequeños Negocios y Empresarismo; así como del Comité Selecto de Inteligencia.

3. El senador Nelson es miembro de los Comités de las Fuerzas Armadas; Finanzas; y Comercio, Ciencia y Trasportación; así como del Comité Especial sobre Envejecimiento.

4. El senador Menéndez es miembro de los Comités de Relaciones Exteriores; Finanzas; y Banca.

5. El representante Duffy es miembro del Comité de Servicios Financieros.

6. El representante MacArthur es miembro de los Comités de las Fuerzas Armadas; y Recursos Naturales.

7. La representante Velázquez es miembro de los Comités de Servicios Financieros; y de Pequeños Negocios.

8. El representante Pierluisi es miembro de los Comités de Asuntos Judiciales; y Recursos Naturales.

Yo esperaba que los miembros del Grupo de Trabajo pertenecieran a comités de finanzas, banca o pequeños negocios. Pero quería saber cuántos de ellos estaban sirviendo en comités de asuntos del exterior o de las fuerzas armadas. ¿Cuántos fueron? La mitad del Grupo de Trabajo.

Mi pregunta era pensando en la importancia geopolítica que Puerto Rico tiene para EE.UU.;[2] el aumento de la presencia militar de EE.UU. en Puerto Rico durante el último año; y el argumento de que no se puede eximir a

Puerto Rico de las leyes de cabotaje (la Ley de la Marina Mercante de 1920) por la seguridad nacional de EE.UU.

¿SERÁ COINCIDENCIA?

Es curioso que los dos senadores de Florida sean miembros del Grupo de Trabajo. Podría ser debido a la gran cantidad de inmigrantes de Puerto Rico que Florida ha estado recibiendo durante los últimos años.

Pero no podemos pasar por alto que las principales empresas que transportan bienes a Puerto Rico al amparo de la Ley de la Marina Mercante de 1920 y el mayor número de empleos generados por las leyes de cabotaje, están en Florida; ni que Puerto Rico ya lleva años pidiendo que se le exima de esa ley.

Tampoco se puede pasar por alto que los dos senadores pertenecen al comité senatorial con jurisdicción primaria sobre la marina mercante.

El hecho de que Puerto Rico genera el 25% de los ingresos[3] de las empresas de la marina mercante (y la población de Puerto Rico es equivalente a 1% de la población de EE.UU.), debe darles una idea de la importancia de analizar por qué los dos senadores de Florida pueden haber sido nombrados para formar parte del Grupo de Trabajo.

Esa es una de las razones por las que me parece probable que el Grupo de Trabajo siga el mismo razonamiento que la PROMESA requiere para el informe de la GAO: que restrinjan sus recomendaciones a aquellas "acciones no fiscales o a políticas que no afecten la seguridad nacional de América".[4]

Las fuerzas armadas, la inteligencia, las relaciones exteriores, la marina mercante... A veces, demasiada coincidencia no es coincidencia en lo absoluto.

¡CUIDADO CON ESE VOTO!

En cuanto a la PROMESA, creo que será bien difícil de implantar y que costará considerablemente más de lo que dicen los estimados.

La ley le confiere a la Junta tanto poder que no les ha dado a sus miembros ningún chivo expiatorio. Ellos serán los únicos responsables por los resultados que la Junta logre (o no logre). Ellos serán en última instancia los responsables por los recortes en servicios públicos, ya que sus miembros son los responsables de certificar los presupuestos y planes fiscales.

CRECIMIENTO ECONÓMICO

Estos presupuestos y planes fiscales se basan exclusivamente en controles de gastos, porque en el Congreso de EE.UU. nunca hubo una discusión real sobre las muchas limitaciones que EE.UU. impone sobre el desarrollo económico de Puerto Rico a mediano y largo plazo.

No fue hasta el cuarto borrador del proyecto (F3) que se creó un grupo de trabajo para estudiar las "disposiciones en las leyes y programas federales actuales que son impedimentos para el crecimiento económico en Puerto Rico".[5] Pero, como ya discutí, ello conllevaría una mirada genuina a los poderes plenarios que el Congreso ejerce sobre Puerto Rico, lo cual yo dudo mucho que estén dispuestos a hacer.

Y eso es un riesgo para la Junta, que la PROMESA se base en un precepto que predica extrema austeridad para los puertorriqueños. ¿Qué va a pasar cuando la Junta no pueda obtener resultados porque la economía, aun con la Junta a cargo, continúa en una espiral descendente? No habrá ningún político puertorriqueño a quien culpar.

Los costos

Para que la Junta pueda cumplir con todos los deberes y responsabilidades que la ley le impone, requerirá mucho personal. Aun si la mayoría del trabajo se hace a través de consultores, requerirá una estructura administrativa considerable.

La PROMESA requiere un conocimiento profundo de la estructura gubernamental de Puerto Rico, de las prioridades gubernamentales para los servicios sociales y públicos, así como de los reglamentos y procedimientos, porque aun si la Junta quisiera, no puede partir de cero.

La revisión de presupuestos, la preparación de planes fiscales, la supervisión de la contabilidad y del recaudo de ingresos, el pago de gastos, y todas las demás funciones microgerenciales que la PROMESA impone a la Junta, requieren mucho más que un personal mínimo.

Los estimados de costos publicados por la Oficina de Presupuesto Congresional son deplorablemente bajos. Y no se han hecho estimados útiles sobre los varios cientos de millones de dólares que el gobierno de Puerto Rico tendrá que pagar para cumplir con los requisitos de la Junta. La PROMESA aumenta considerablemente los costos para el gobierno de Puerto Rico, mientras se esmera por imponer medidas de austeridad. Va a ser difícil para la Junta lograr que esto funcione.

COLABORACIÓN

La implantación de la ley también requiere la colaboración de los empleados del gobierno de Puerto Rico, quienes, según las disposiciones de la PROMESA, son responsables por todas las reclamaciones incoadas por causa de las decisiones y acciones que tome la Junta y su personal.

La Junta será recibida con mucha desconfianza. Se concibió como una supraestructura para lograr que se pague a los acreedores, vender nuestros activos y dejar que Puerto Rico recoja los resultados (y las reclamaciones) de las decisiones de la Junta. Tomará mucho tiempo para que se logre establecer una relación de confianza funcional con los empleados del gobierno de Puerto Rico, quienes son los participantes fundamentales para que la Junta pueda siquiera comenzar a acometer su encomienda.

Estos empleados son los que saben cómo trabaja el gobierno y cómo las instrumentalidades comparten la información; son los que tienen el trasfondo histórico y pueden explicar por qué las cosas se hacen como se hacen; qué funciona y qué no funciona; y qué cosas se consideraron antes y por qué se descartaron. La Junta necesita atraer a estos empleados, para que vean a la Junta y su equipo como aliados. De lo contrario, la Junta caerá en muchos atolladeros.

EXPECTATIVAS

Cuando el gobierno de EE.UU. estaba tratando de convencer a los puertorriqueños de que la Junta era la mejor solución y que se justificaba que este grupo de siete personas privadas tomara el poder sobre el gobierno de Puerto Rico, creó expectativas irrealistas sobre lo que la Junta podría lograr.

Como repitió hasta la saciedad el argumento de que la crisis era únicamente responsabilidad de los políticos de Puerto Rico, y excluyó todos los demás factores, muchas personas en Puerto Rico esperan milagros de la Junta —ya que, después de todo, ellos no son los políticos puertorriqueños que fueron los únicos causantes de la crisis—.

No hay nada peor que expectativas irrealistas que no se logran, y la Junta tendrá que encarar muchas.

En resumidas cuentas, la PROMESA encarna la inconsciencia de la metrópolis. El acrónimo de la ley refleja la promesa del control ejercido sobre la colonia, con la bendición del sistema judicial de la metrópolis.

Foraker 21.

[20]

De vuelta al futuro en el 1898

PROCLAMA DE NELSON A. MILES, Comandante General del Ejército de EE.UU. a cargo de la invasión de Puerto Rico, el 28 de julio de 1898:

A los habitantes de Porto Rico [sic]:

Mientras se libraba la guerra contra el Reino de España por el pueblo de los Estados Unidos, por la causa de la libertad, justicia y humanismo, sus fuerzas militares han ocupado la isla de Porto Rico [sic]. Vienen cargando el estandarte de la libertad, inspirados en el noble propósito de buscar los enemigos de nuestro país y el suyo, y destruir o capturar a todos aquellos que ofrezcan resistencia armada. Les traen a ustedes el brazo de apoyo de un pueblo libre, cuyo mayor poder radica en su justicia y humanismo hacia todos los que viven dentro de sus confines. Por tanto, el primer efecto de esta ocupación será el relevo inmediato de sus relaciones previas, y se espera que una aceptación feliz del gobierno de los Estados Unidos. El objetivo principal de las fuerzas armadas americanas será derrocar la autoridad armada de España y darle al pueblo de su hermosa isla la mayor medida de libertad compatible con esta ocupación. No hemos venido a hacerle la guerra al pueblo de un país que por siglos ha estado oprimido, por el contrario, venimos a traerles protección, no solo a ustedes, sino a su propiedad, para promover su prosperidad, y a otorgarles las inmunidades y bendiciones de las instituciones liberales de nuestro gobierno. Nuestro propósito no es interferir con ninguna ley o costumbre existentes que sean saludables y beneficiosas para su pueblo, siempre y cuando estas se conformen a las normas de administración militar de justicia y orden. Esta no es una guerra de devastación, sino una para darles a todos dentro del control de sus fuerzas militares y navales las ventajas y bendiciones de una civilización ilustrada.

Se pudo haber escrito hoy.

[21]

Lecturas sugeridas

LIBROS

- Guerra contra todos los puertorriqueños: Revolución y terror en la colonia americana. Nelson A. Denis, Nation Books, 2015.
- Reconsidering the Insular Cases: The Past and Future of the American Empire, Gerald L. Neuman y Tomiko Brown-Nagin (Editores), Harvard University Press, 2015.
- Global Intrigues: The Era of the Spanish-American War and the Rise of the United States to World Power, Juan R. Torruella, Editorial de la Universidad de Puerto Rico, 2008.
- Strategy As Politics: Puerto Rico on the Eve of the Second World War, Jorge Rodríguez Beruff, Editorial de la Universidad de Puerto Rico, 2007.

- The Insular Cases and the Emergence of American Empire, Bartholomew H. Sparrow, University Press of Kansas, 2006.
- Foreign in a Domestic Sense: Puerto Rico, American Expansion, and the Constitution, Christina Duffy Burnett y Burke Marshall (Editores), Duke University Press, 2001
- Puerto Rico: Las penas de la colonia más antigua del mundo, José Trías Monge, Editorial de la Universidad de Puerto Rico, 1999.
- The Supreme Court and Puerto Rico: The Doctrine of Separate and Unequal, Juan R. Torruella, Editorial de la Universidad de Puerto Rico, 1985.
- Colonial Policies of the United States, Theodore Roosevelt, Doubleday, Doran & Company, 1937.

Artículo Legal

- "The Insular Cases: The Establishment of a Regime of Political Apartheid," Juan R. Torruella, University of Pennsylvania Journal of International Law, 2007.

Sitios Web Legales

- El Legal Information Institute de la Universidad de Cornell es un excelente recurso para investigar sobre leyes y reglamentos Federales.
  https://www.law.cornell.edu/
- SCOTUSBlog es un sitio líder para investigar sobre los análisis del Tribunal Supremo de EE.UU.
  http://www.scotusblog.com/

- Justia provee información sobre leyes y casos, así como directorios de blogs legales y escuelas de derecho. Los casos viejos del Tribunal Supremo de EE. UU. están disponibles en este sitio.
  https://www.justia.com/
- El sitio web del Congreso de EE.UU. tiene disponibles dos documentos sobre el proceso legislativo federal:
  - How Our Laws Are Made
    http://www.gpo.gov/fdsys/pkg
    /CDOC-110hdoc49/pdf/CDOC-110hdoc49.pdf
  - Enactment of a Law
    https://www.congress.gov/resources/download
    /attachments/19267597/enactlaw.pdf?version=
    4&modificationDate=1446663432000&api=v2
- La Oficina de Servicios Legislativos provee información sobre el proceso legislativo, además del texto de leyes y resoluciones aprobadas por la Asamblea Legislativa de Puerto Rico.
  http://www.oslpr.org/v2/

Notas

PRÓLOGO

[1] *Tratado de paz*, artículo IX.

CAPÍTULO 1

[1] *PROMESA*, Discussion Draft, 29 de marzo de 2016, 4:08 p.m.

[2] *PROMESA*, Discussion Draft, 24 de marzo de 2016, 12:35 p.m.

[3] *PROMESA*, Committee Legislative Summary, 29 de marzo de 2016, 1.

[4] *Puerto Rico Chapter 9 Uniformity Act of 2015: Hearing on H.R. 870*, Testimonio de Thomas Moers Mayer, 3.

[5] *PROMESA*, Committee Legislative Summary, 29 de marzo de 2016, 1.

[6] *PROMESA*, Committee Legislative Summary, 29 de marzo de 2016, 1.

[7] *An Act Temporarily to provide revenues and a civil government for Porto Rico [sic], and for other purposes.*

[8] *PROMESA*, Discussion Draft, 24 de marzo de 2016, 12:35 p.m., sección 101.

[9] *PROMESA*, Discussion Draft, 29 de marzo de 2016, 4:08 p.m., sección 101(c)(1).

[10] *PROMESA*, Discussion Draft, 29 de marzo de 2016, 4:08 p.m., sección 101(c)(4).

[11] *PROMESA*, Discussion Draft, 29 de marzo de 2016, 4:08 p.m., sección 104(h).

[12] *PROMESA*, Discussion Draft, 24 de marzo de 2016, 12:35 p.m., sección 104(j)(1).

[13] *PROMESA*, Discussion Draft, 24 de marzo de 2016, 12:35 p.m., sección 110.

[14] *PROMESA*, Discussion Draft, 29 de marzo de 2016, 4:08 p.m., sección 107(a)(2).

[15] *PROMESA*, Discussion Draft, 29 de marzo de 2016, 4:08 p.m., sección 107(a)(2).

[16] *Federal Labor Standards Act of 1938*, sección 6(g), 29 U.S.C. 206(g).

[17] *PROMESA*, Discussion Draft, 29 de marzo de 2016, 4:08 p.m., sección 409.

[18] U.S. Department of Labor, *Defining and Delimiting the Exemptions for Executive, Administrative, Professional, Outside Sales and Computer Employees.*

[19] *PROMESA*, Discussion Draft, 29 de marzo de 2016, 4:08 p.m., sección 410.

[20] *PROMESA*, Discussion Draft, 29 de marzo de 2016, 4:08 p.m., sección 408.

CAPÍTULO 2

[1] *An Act Temporarily to provide revenues and a civil government for Porto Rico [sic], and for other purposes.*

[2] *PROMESA*, Committee Legislative Summary, 29 de marzo de 2016, 1.

[3] *PROMESA*, Committee Legislative Summary, 29 de marzo de 2016, 1.

[4] Wuestewald, "The Long, Expensive History of Defense Rip-Offs."

[5] *PROMESA*, Discussion Draft, 24 de marzo de 2016, 12:35 p.m., sección 201(b)(5).

[6] *PROMESA*, Discussion Draft, 29 de marzo de 2016, 4:08 p.m., sección 207(a).

CAPÍTULO 3

[1] *PROMESA*, Discussion Draft, 29 de marzo de 2016, 4:08 p.m., sección 204(a)(3)(B)(iii).

[2] *PROMESA*, Discussion Draft, 29 de marzo de 2016, 4:08 p.m.,

sección 104(h).

[3] *PROMESA, Discussion Draft*, 29 de marzo de 2016, 4:08 p.m., sección 208(a).

[4] *PROMESA, Discussion Draft*, 29 de marzo de 2016, 4:08 p.m., sección 221(a)(3).

[5] *PROMESA*, Committee Legislative Summary, 29 de marzo de 2016, 1.

[6] Aleinikoff, *Semblances of Sovereignty*, 81.

[7] *PROMESA, Discussion Draft*, 29 de marzo de 2016, 4:08 p.m., sección 404(2).

[8] *An Act Temporarily to provide revenues and a civil government for Porto Rico [sic], and for other purposes.*

[9] Trigo, "The DoD."

CAPÍTULO 4

[1] Casey, "Stay On Litigation."

[2] *PROMESA, Discussion Draft*, 24 de marzo de 2016, 12:35 p.m., sección 203(a).

[3] *Ley para el Cumplimiento de las Deudas y la Recuperación de las Corporaciones Públicas de Puerto Rico.*

[4] *PROMESA, Discussion Draft*, 29 de marzo de 2016, 4:08 p.m., sección 401(1).

CAPÍTULO 5

[1] *PROMESA*, Committee Legislative Summary, 29 de marzo de 2016, 1.

[2] *PROMESA, Discussion Draft*, 29 de marzo de 2016, 4:08 p.m., sección 104(d).

[3] *PROMESA, Discussion Draft*, 29 de marzo de 2016, 4:08 p.m., sección 104(d).

[4] *Ley 76-2000.*

[5] *PROMESA, Discussion Draft*, 29 de marzo de 2016, 4:08 p.m.,

sección 501(4).

[6] Trigo, "Crisis and Status."

[7] *PROMESA, Discussion Draft*, 29 de marzo de 2016, 4:08 p.m., sección 501(3).

[8] *Ley 76-2000*, sección 1(a).

[9] *Ley 76-2000*, sección 2.

[10] *Ley 76-2000*, sección 2.

[11] *PROMESA, Discussion Draft*, 29 de marzo de 2016, 4:08 p.m., sección 501(5).

[12] *Ley de Alianzas Público Privadas.*

[13] *PROMESA, Discussion Draft*, 29 de marzo de 2016, 4:08 p.m., sección 507.

[14] *PROMESA, Discussion Draft*, 29 de marzo de 2016, 4:08 p.m., sección 506(c).

CAPÍTULO 6

[1] *PROMESA, H.R. 4900.*

[2] *PROMESA, H.R. 4900*, sección 406(m)(5).

[3] *PROMESA, H.R. 4900 Summary.*

[4] *PROMESA, H.R. 4900 press release*, 12 de abril de 2016.

[5] *PROMESA, H.R. 4900 press release*, 13 de abril de 2016.

[6] *PROMESA, H.R. 4900 Summary.*

[7] U.S. House, Committee of Natural Resources, *Puerto Rico Legislation website.*

[8] *PROMESA, H.R. 4900 How Did We Get Here?*

[9] Trigo, "Crisis and Status."

[10] *PROMESA, H.R. 4900*, sección 109.

[11] *PROMESA, H.R. 4900*, sección 104(h).

[12] *PROMESA, H.R. 4900*, sección 204(b)(3).

[13] *PROMESA, H.R. 4900*, sección 201(b)(1).

CAPÍTULO 7

[1] *PROMESA, H.R. 4900*, sección 503(a)(1)(E)(vi).

[2] *Consolidated and Further Continuing Appropriations Act of 2015.*

[3] *Consolidated and Further Continuing Appropriations Act of 2015,* sección 9(b).

[4] *Consolidated and Further Continuing Appropriations Act of 2015,* sección 9(d).

[5] *PROMESA, H.R. 4900,* sección 406(l)(4).

[6] *PROMESA, H.R. 4900,* sección 406(m)(5).

[7] Puerto Rico, Senado, *Informe Final,* Resolución del Senado Núm. 237, 78.

CAPÍTULO 8

[1] *U.S. v Security Indus. Bank,* 74.

[2] Rogers, *Impairment,* 1017.

[3] *Puerto Rico Chapter 9 Uniformity Act of 2015: Hearing on H.R. 870.*

[4] *Puerto Rico Chapter 9 Uniformity Act of 2015: Hearing on H.R. 870,* Testimonio de Thomas Moers Mayer, 3.

[5] *Tratado de paz.*

[6] En el capítulo 21 sugiero la lectura de libros que explican muy bien estas opiniones judiciales y sus nefastas consecuencias. Si están comenzando a leer sobre el tema, recomiendo que lean primero el libro de Bartholomew H. Sparrow (que no ha sido traducido al español). Su segunda lectura pudiera ser el libro de José Trías Monge, que provee más transfondo histórico sobre Puerto Rico, además de datos sobre el efecto que el control de EE.UU. ha tenido sobre el desarrollo económico y político de Puerto Rico.

CAPÍTULO 9

[1] *PROMESA, H.R. 5278.*

[2] *PROMESA*, H.R. 5278 Summary.

[3] *PROMESA*, H.R. 5278 Overview.

[4] *PROMESA*, H.R. 5278 Summary, 1.

[5] *PROMESA*, H.R. 5278 Summary, 1.

[6] Trigo, "The DoD."

[7] *Act to provide for the organization of a Constitutional Government.*

[8] *Approving the Constitution.*

[9] *PROMESA*, H.R. 5278 Summary, 7.

[10] *PROMESA*, H.R. 5278 Summary, 8.

CAPÍTULO 10

[1] *PROMESA*, H.R. 5278, sección 408.

[2] U.S. Small Business Administration, *Understanding the HUBZone Program website.*

[3] *PROMESA*, H.R. 5278, sección 101(a).

[4] *PROMESA*, H.R. 5278, sección 409(f).

[5] *PROMESA*, H.R. 5278, sección 404(b).

[6] *An Act Temporarily to provide revenues and a civil government for Porto Rico [sic], and for other purposes*, sección 8; *An Act To provide a civil government for Porto Rico [sic], and for other purposes*, sección 9.

CAPÍTULO 11

[1] *PROMESA*, H.R. 5278, sección 104(m).

[2] *PROMESA*, H.R. 5278, sección 108(a)(2).

[3] *PROMESA*, H.R. 4900, sección 108(a)(2).

[4] *PROMESA*, H.R. 5278, sección 107(b).

[5] *PROMESA*, H.R. 5278, sección 204(c)(3).

[6] *PROMESA*, H.R. 5278, sección 201(b)(1)(K).

[7] *PROMESA*, H.R. 4900, sección 201(b)(1)(K).

CAPÍTULO 12

¹ *PROMESA*, H.R. 5278, sección 502(b)(2)(A).

CAPÍTULO 13

¹ *PROMESA*, H.R. 5278, sección 206(a)(2)(B).
² *PROMESA*, H.R. 5278, sección 305(a).
³ Jacoby, "Presiding Judges."
⁴ *PROMESA*, H.R. 5278, sección 314(b)(6).
⁵ *PROMESA*, H.R. 5278, sección 602.
⁶ *PROMESA*, H.R. 5278, sección 105.

CAPÍTULO 14

¹ U.S. House, Committee of Natural Resources, *Markup Hearing for H.R. 5278*, 24 mayo de 2016.
² U.S. House, Committee of Natural Resources, *Markup Hearing for H.R. 5278*, 25 mayo de 2016.
³ U.S. House, Committee of Natural Resources, *Markup Hearing for H.R. 5278*, 25 mayo de 2016, Representante Graves de Louisiana, amendment 1.
⁴ U.S. House, Committee of Natural Resources, *Markup Hearing for H.R. 5278*, 25 mayo de 2016, Representante Graves de Louisiana, amendment 46.
⁵ U.S. House, Committee of Natural Resources, *Markup Hearing for H.R. 5278*, 25 mayo de 2016, Representante Polis de Colorado, amendment 173.
⁶ U.S. House, Committee of Natural Resources, *Markup Hearing for H.R. 5278*, 25 mayo de 2016, Representante Bishop de Utah, amendment 2.
⁷ U.S. House, Committee of Natural Resources, *Markup Hearing for H.R. 5278*, 25 mayo de 2016, Representante Bishop de Utah, amendment 1.

[8] U.S. House, Committee of Natural Resources, *Markup Hearing for H.R. 5278*, 25 mayo de 2016, Representante Gallego de Arizona, amendment 46.

[9] U.S. House, Committee of Natural Resources, *Markup Hearing for H.R. 5278*, 25 mayo de 2016, Representante Gallego de Arizona, amendment 45.

[10] U.S. House, Committee of Natural Resources, *Markup Hearing for H.R. 5278*, 25 mayo de 2016, Representante Hice de Georgia, amendment 22.

[11] U.S. House, Committee of Natural Resources, *Markup Hearing for H.R. 5278*, 25 mayo de 2016, Representante MacArthur de New Jersey, amendment 50 revised.

[12] U.S. House, Committee of Natural Resources, *Markup Hearing for H.R. 5278*, 25 mayo de 2016, Representante Zinke de Montana, amendment 1.

[13] Puerto Rico, Departamento de Salud, Orden Administrativa Núm. 346.

[14] U.S. House, Committee of Natural Resources, *Markup Hearing for H.R. 5278*, 25 mayo de 2016, Representante Graves de Louisiana, amendment 2.

[15] U.S. House, Committee of Natural Resources, *Markup Hearing for H.R. 5278*, 25 mayo de 2016. Recorded Vote # 7.

CAPÍTULO 15

[1] U.S. House, Committee of Natural Resources, *Markup Report for H.R. 5278*, 3 de junio de 2016.

[2] U.S. House, Committee of Natural Resources, *Markup Report for H.R. 5278*, 3 de junio de 2016, 42.

[3] U.S. House, Committee of Natural Resources, *Markup Report for H.R. 5278*, 3 de junio de 2016, 43.

[4] U.S. House, Committee of Natural Resources, *Markup Report for H.R. 5278*, 3 de junio de 2016, 44.

[5] U.S. House, Committee of Natural Resources, *Markup Report*

for H.R. 5278, 3 de junio de 2016, 45.

[6] U.S. House, Committee of Natural Resources, *Markup Report for H.R. 5278*, 3 de junio de 2016, 46.

[7] U.S. House, Committee of Natural Resources, *Markup Report for H.R. 5278*, 3 de junio de 2016, 45.

[8] U.S. House, Committee of Natural Resources, *Markup Report for H.R. 5278*, 3 de junio de 2016, 49.

[9] U.S. House, Committee of Natural Resources, *Markup Report for H.R. 5278*, 3 de junio de 2016, 53.

[10] U.S. House, Committee of Natural Resources, *Markup Report for H.R. 5278*, 3 de junio de 2016, 53.

[11] U.S. House, Committee of Natural Resources, *Markup Report for H.R. 5278*, 3 de junio de 2016, 111.

[12] U.S. House, Committee of Natural Resources, *Markup Report for H.R. 5278*, 3 de junio de 2016, 111.

[13] U.S. House, Committee of Natural Resources, *Markup Report for H.R. 5278*, 3 de junio de 2016, 118.

[14] U.S. House, Committee of Natural Resources, *Markup Report for H.R. 5278*, 3 de junio de 2016, 114.

[15] U.S. House, Committee of Natural Resources, *Markup Report for H.R. 5278*, 3 de junio de 2016, 119-120.

CAPÍTULO 16

[1] Congressional Budget Office, *Cost Estimate for H.R. 5278*.

[2] Congressional Budget Office, *Cost Estimate for H.R. 5278*, 1.

[3] Congressional Budget Office, *Cost Estimate for H.R. 5278*, 6.

[4] Congressional Budget Office, *Cost Estimate for H.R. 5278*, 6.

[5] Congressional Budget Office, *Cost Estimate for H.R. 5278*, 6.

[6] Congressional Budget Office, *Cost Estimate for H.R. 5278*, 6.

[7] Congressional Budget Office, *Cost Estimate for H.R. 5278*, 9.

[8] Congressional Budget Office, *Cost Estimate for H.R. 5278*, 6.

[9] Congressional Budget Office, *Cost Estimate for H.R. 5278*, 4.

[10] Congressional Budget Office, *Cost Estimate for H.R. 5278*, 9.

CAPÍTULO 17

[1] U.S. House, Committee on Rules, *Rules Committee Print 114-57*.

[2] U.S. House Report 114-610.

[3] U.S. House, Committee on Rules, *Webpage for H.R. 5278*.

[4] *Puerto Rico v Sánchez Valle*.

[5] *Puerto Rico v Sánchez Valle*, 7-8, 12-17.

[6] *Puerto Rico v Sánchez Valle*, 16. [Eso convierte al Congreso en la fuente original de autoridad de los fiscales en Puerto Rico—como lo es para los del gobierno federal. La Constitución de la isla, significativa como fue, no rompe la cadena.] ("That makes Congress the original source of power for Puerto Rico's prosecutors—as it is for the Federal Government's. The island's Constitution, significant though it is, does not break the chain.")

[7] U.S. House, *Hearing on H.R. 5278*, Amendment to Rules Committee Print 114-57 presentada por el señor Bishop de Utah.

[8] *Ley 40-2016*.

[9] U.S. House, *Hearing on H.R. 5278*, Representante Graves de Louisiana, amendment 62.

[10] U.S. House, *Hearing on H.R. 5278*, Representante Jolly de Florida, amendment 48.

[11] U.S. House, *Hearing on H.R. 5278*, Representante Byrne de Alabama, amendment 41.

[12] U.S. House, *Hearing on H.R. 5278*, Representante Byrne de Alabama, amendment 43.

[13] U.S. House, *Hearing on H.R. 5278*, Representante Duffy de Wisconsin, amendment 109.

[14] U.S. House, *Hearing on H.R. 5278*, Representante Serrano de New York, amendment 45.

[15] *Ley 97-2015*.

[16] U.S. House, *Roll Call 288*.

[17] 162 *Congressional Record* 91, H3567.

CAPÍTULO 18

[1] *PROMESA, S. 2328.*

[2] *Puerto Rico v Franklin California Tax-Free Trust.*

[3] *Puerto Rico v Franklin California Tax-Free Trust, 12.*

[4] U.S. Senate, *Roll Call 116.*

[5] 162 *Congressional Record* 103, S4565.

[6] 162 *Congressional Record* 105, S4683.

CAPÍTULO 19

[1] Congressional Research Service, *The Puerto Rico Oversight, Management, and Economic Stability Act (PROMESA; H.R. 5278, S. 2328).*

[2] Trigo, "The DoD."

[3] Puerto Rico, Senado, *Informe Final*, Resolución del Senado Núm. 237, 78.

[4] *PROMESA*, sección 410(3).

[5] *PROMESA, H.R. 5278*, sección 409(f)(1).

Bibliografía

Act to provide for the organization of a constitutional government by the people of Puerto Rico. 64 U.S. Statutes at Large 319 (1950). http://www.legisworks.org/congress/81/publaw-600.pdf. [Comúnmente conocida como la Ley Pública 600.]

Aleinikoff, T. Alexander. *Semblances of Sovereignty: The Constitution, the State, and American Citizenship.* Cambridge: Harvard University Press, 2002.

An Act Temporarily to provide revenues and a civil government for Porto Rico [sic], and for other purposes. 31 U.S. Statutes at Large 77 (1900). http://legisworks.org/sal/31/stats/STATUTE-31-Pg77.pdf. [Comúnmente conocida como la Ley Foraker de 1900; también como la Ley Orgánica de 1900.]

An Act To provide a civil government for Porto Rico [sic], and for other purposes, 39 U.S. Statutes at Large 951 (1917). http://legisworks.org/sal/39/stats/STATUTE-39-Pg951.pdf. [Comúnmente conocida como la Ley Jones de 1917, aprobada el 2 de marzo de 2017. También se le conoce como la Ley Jones-Shafroth. Esta es la ley mediante la cual el Congreso de EE.UU. le impuso la ciudadanía estadounidense a los puertorriqueños, un mes después de que EE.UU. rompió relaciones diplomáticas con Alemania el 3 de febrero, y un mes antes de que el Congreso de EE.UU. le declaró la guerra a Alemania el 6 de abril durante la Primera Guerra Mundial.]

Approving the constitution of the Commonwealth of Puerto Rico which was adopted by the people of Puerto Rico on March 3, 1952. 66 U.S.

Statutes at Large 327 (1952). https://www.gpo.gov/fdsys/pkg /STATUTE-66/pdf/STATUTE-66-Pg327.pdf

Casey, Jack. "Stay On Litigation Most Controversial Aspect of Puerto Rico Bill." *The Bond Buyer*, 30 de marzo de 2016. http://www.bondbuyer.com/news/washington-budget-finance/stay-on-litigation-most-controversial-aspect-of-puerto-rico-bill-1100148-1.html.

Congressional Budget Office. *Cost Estimate for H.R. 5278 As ordered reported by the House Committee on Natural Resources on May 25, 2016.* 114th Cong., 2nd sess., 3 de junio de 2016. https://www.cbo.gov/publication/51650.

Congressional Research Service, *The Puerto Rico Oversight, Management, and Economic Stability Act (PROMESA; H.R. 5278, S. 2328),* 1 de julio de 2016. https://www.hsdl.org /?view&did=794253.

Consolidated and Further Continuing Appropriations Act of 2015. 128 U.S. Statutes at Large 2130 (2015). https://www.gpo.gov/fdsys /pkg/PLAW-113publ235/pdf/PLAW-113publ235.pdf.

Federal Labor Standards Act of 1938, 52 U.S. Statutes at Large 1062 (1938). Texto codificado de la sección 6: https://www.gpo.gov/fdsys/granule/USCODE-2011-title29 /USCODE-2011-title29-chap8-sec206/content-detail.html.

Jacoby, Melissa B. "Puerto Rico: PROMESA and Presiding Judges." *Credit Slips,* 26 de mayo de 2016. http://www.creditslips.org /creditslips/2016/05/puerto-rico-presiding-over-promesankruptcy.html.

Ley 76-2000. 2000 Leyes de Puerto Rico 649, 3 LPRA §§ 1931–1945. http://www.oslpr.org/v2/LeyesPopUp.aspx?yr=2000.

Ley 97-2015. 2015 Leyes de Puerto Rico 701, 3 LPRA § 283d; 7 LPRA §§ 552, 554, 563, 581, 607g-1–607g-8, 607h, 607i, 2111–2123; 22 LPRA § 152a, 23 LPRA § 104. http://www.oslpr.org/2013-2016/leyes/pdf/ley-97-01-Jul-2015.pdf.

Ley 40-2016. 2016 Leyes de Puerto Rico ___, 3 LPRA §§ 9283, 9288; 7 LPRA §§ 559, 611j–611l. http://www.oslpr.org/2013-2016/leyes/pdf/ley-40-05-May-2016.pdf.

Ley de Alianzas Público Privadas, 2009 Leyes de Puerto Rico 242, 27 LPRA §§ 2601–2623. http://www.oslpr.org/2009-2012/leyes /pdf/ley-29-08-Jun-2009.pdf.

Ley para el Cumplimiento de las Deudas y la Recuperación de las Corporaciones Públicas de Puerto Rico, 2014 Leyes de Puerto Rico 632, 13 LPRA §§ 111–113nn. http://www.oslpr.org/2013-2016/leyes/pdf/ley-71-28-Jun-2014.pdf.   [Comúnmente conocida como la Ley para la Recuperación o la Ley de la Quiebra.]

Puerto Rico. Asamblea Legislativa. Senado. Comisión de Derechos Civiles, Participación Ciudadana y Economía Social, *Informe Final*, Resolución del Senado Núm. 237, 17ª Asamblea Legislativa, 5ª sesión ordinaria, 9 de abril de 2015. http://www.oslpr.org/2013-2016/%7B363DC18E-E860-4EA2-B1B3-B6991C308753%7D.doc.

Puerto Rico. Departamento de Salud, Orden Administrativa Núm. 346, *Para Establecer la Política Pública en torno a la Distribución de Productos Naturales o Suplementos Nutricionales o Suplementos Dietéticos*, 9 de febrero de 2016. http://www.salud.gov.pr/Estadisticas-Registros-y-Publicaciones/rdenes Administrativas/346-para establecer la politica publica en torno a la distribucion de productos naturales o suplementos nutricionales.pdf.

Puerto Rico Oversight, Management, and Economic Stability Act, 130 U.S. Statutes at Large 549 (2015). https://www.congress.gov /114/bills/s2328/BILLS-114s2328enr.pdf.

Puerto Rico v Franklin California Tax-Free Trust, 579 U.S. ___ (2016). https://www.supremecourt.gov/opinions/15pdf/15-233_i42j.pdf.

Puerto Rico v Sánchez Valle, 579 U.S. ___ (2016). https://www.supremecourt.gov/opinions/15pdf/15-108_k4mp.pdf.

Rogers, James S. *The Impairment of Secured Creditors' Rights in Reorganization: A Study of the Relationship Between the Fifth Amendment and the Bankruptcy Clause,* 96 Harvard Law Review 973 (1983).

Tratado de paz entre los Estados Unidos de América y el Reino de España, 10 de diciembre de 1898. 30 U.S. Statutes at Large 1754 (1899). http://www.lexjuris.com/lexlex/lexotras/lextratadoparis.htm.

Trigo, María de los Angeles. "Crisis and Status: Puerto Rico on the Brink." *LinkedIn,* 3 de julio de 2015. https://www.linkedin.com/pulse/crisis-status-puerto-rico-brink-maria-de-los-angeles-trigo.

―――. "The DoD Finally Rears its Head: Debt as an Excuse." *LinkedIn,* 3 de mayo de 2016. https://www.linkedin.com/pulse/dod-finally-rears-its-head-debt-excuse-maria-de-los-angeles-trigo.

United States v Security Indus. Bank, 459 U.S. 70 (1982). https://supreme.justia.com/cases/federal/us /459/70/case.html.

U.S. Congress. House. Judiciary Committee. Subcommittee on Regulatory Reform, Commercial and Antitrust Law. *Puerto Rico Chapter 9 Uniformity Act of 2015: Hearing for H.R. 870.* 114th Cong., 1st sess., 26 de febrero de 2015. http://www.judiciary.house.gov/index.cfm/hearings?ID=809A B2A9-78F5-4FCE-8E6D-955F5B6039DE.

U.S. Congress. House. Judiciary Committee. Subcommittee on Regulatory Reform, Commercial and Antitrust Law. *Puerto Rico Chapter 9 Uniformity Act of 2015: Hearing for H.R. 870,* Testimonio de Thomas Moers Mayer. 114th Cong., 1st sess., 26 de febrero de 2015. https://judiciary.house.gov/wp-content/uploads/2016/02/Thomas-Mayer-Testimony.pdf.

U.S. Congress. House. Committee on Natural Resources. *Puerto Rico Oversight, Management, and Economic Stability Act.* Discussion Draft. 114th Cong., 2nd sess., 24 de marzo de 2016, 12:35 p.m. https://morningconsult.com/wp-content/uploads /2016/03/PR-Executive-Summary-and-Discussion-Draft.pdf.

U.S. Congress. House. Committee on Natural Resources. *Puerto Rico Oversight, Management, and Economic Stability Act.* Discussion Draft. 114th Cong., 2nd sess., 29 de marzo de 2016, 4:08 p.m. http://naturalresources.house.gov/uploadedfiles /puertorico_discussion_draft.pdf.

U.S. Congress. House. Committee on Natural Resources. *Puerto Rico Oversight, Management, and Economic Stability Act.* Discussion Draft Legislative Summary. 114th Cong., 2nd sess., 29 de marzo de 2016. http://naturalresources.house.gov /uploadedfiles/puerto_rico_packet.pdf.

U.S. Congress. House. Committee on Natural Resources. *Puerto Rico Oversight, Management, and Economic Stability Act.*

H.R. 4900. 114th Cong., 2nd sess., 12 de abril de 2016. http://naturalresources.house.gov/uploadedfiles/hr_4900_pro mesa.pdf.

U.S. Congress. House. Committee on Natural Resources. *Puerto Rico Oversight, Management, and Economic Stability Act*. H.R. 4900 Summary. 114th Cong., 2nd sess., 12 de abril de 2016. http://naturalresources.house.gov/uploadedfiles/hr_4900_one _pager.pdf.

U.S. Congress. House. Committee on Natural Resources. *Puerto Rico Oversight, Management, and Economic Stability Act*. H.R. 4900 Press Release. 114th Cong., 2nd sess., 12 de abril de 2016. http://naturalresources.house.gov/newsroom/documentsingl e.aspx?DocumentID=400231.

U.S. Congress. House. Committee on Natural Resources. *Puerto Rico Oversight, Management, and Economic Stability Act*. H.R. 4900 Press Release. 114th Cong., 2nd sess., 13 de abril de 2016. http://naturalresources.house.gov/newsroom/documentsingl e.aspx?DocumentID=400247.

U.S. Congress. House. Committee on Natural Resources. *Puerto Rico Legislation website*. http://naturalresources.house.gov /issues/issue/?IssueID=118691.

U.S. Congress. House. Committee on Natural Resources. *Puerto Rico Oversight, Management, and Economic Stability Act*. H.R. 4900 How Did We Get Here? 114th Cong., 2nd sess., http://naturalresources.house.gov/UploadedPhotos/MediumR esolution/73e63a21-7ac3-4b20-b52f-45271b172bcc.jpg.

U.S. Congress. House. Committee on Natural Resources. *Puerto Rico Oversight, Management, and Economic Stability Act*. H.R. 5278. 114th Cong., 2nd sess., 18 de mayo de 2016.

http://naturalresources.house.gov/uploadedfiles/promesa_hr_5278.pdf.

U.S. Congress. House. Committee on Natural Resources. *Puerto Rico Oversight, Management, and Economic Stability Act.* H.R. 5278 Summary. 114th Cong., 2nd sess., 18 de mayo de 2016. http://naturalresources.house.gov/uploadedfiles/promesa_packet_-_5-18.pdf.

U.S. Congress. House. Committee on Natural Resources. *Puerto Rico Oversight, Management, and Economic Stability Act.* H.R. 5278 An Overview of PROMESA's Major Provisions & Key Refinements. 114th Cong., 2nd sess., 18 de mayo de 2016. http://naturalresources.house.gov/uploadedfiles/whats_new_promesa.pdf.

U.S. Congress. House. Committee on Natural Resources. *Puerto Rico Oversight, Management, and Economic Stability Act: Markup Hearing for H.R. 5278.* 114th Cong., 2nd sess., 24 de mayo de 2016. http://naturalresources.house.gov/calendar/eventsingle.aspx?EventID=400530.

U.S. Congress. House. Committee on Natural Resources. *Puerto Rico Oversight, Management, and Economic Stability Act: Markup Hearing for H.R. 5278.* 114th Cong., 2nd sess., 25 de mayo de 2016. http://naturalresources.house.gov/calendar/eventsingle.aspx?EventID=400529.

U.S. Congress. House. Committee on Natural Resources. *Puerto Rico Oversight, Management, and Economic Stability Act: Markup Hearing for H.R. 5278.* Representante Graves de Louisiana. 114th Cong., 2nd sess., 25 de mayo de 2016. Texto de la enmienda:

http://naturalresources.house.gov/uploadedfiles/hr_5278_gra ves_1.pdf.

U.S. Congress. House. Committee on Natural Resources. *Puerto Rico Oversight, Management, and Economic Stability Act: Markup Hearing for H.R.* 5278. Representante Graves de Louisiana. 114th Cong., 2nd sess., 25 de mayo de 2016. Texto de la enmienda: http://naturalresources.house.gov/uploadedfiles /hr_5278_graves_046.pdf.

U.S. Congress. House. Committee on Natural Resources. *Puerto Rico Oversight, Management, and Economic Stability Act: Markup Hearing for H.R.* 5278. Representante Polis de Colorado. 114th Cong., 2nd sess., 25 de mayo de 2016. Texto de la enmienda: http://naturalresources.house.gov/uploadedfiles/hr_5278_poli s_173.pdf.

U.S. Congress. House. Committee on Natural Resources. *Puerto Rico Oversight, Management, and Economic Stability Act: Markup Hearing for H.R.* 5278. Representante Bishop de Utah. 114th Cong., 2nd sess., 25 de mayo de 2016. Texto de la enmienda: http://naturalresources.house.gov/uploadedfiles/hr_5278_bis hop_2.pdf.

U.S. Congress. House. Committee on Natural Resources. *Puerto Rico Oversight, Management, and Economic Stability Act: Markup Hearing for H.R.* 5278. Representante Bishop de Utah. 114th Cong., 2nd sess., 25 de mayo de 2016. Texto de la enmienda: http://naturalresources.house.gov/uploadedfiles/hr_5278_bis hop_1.pdf.

U.S. Congress. House. Committee on Natural Resources. *Puerto Rico Oversight, Management, and Economic Stability Act: Markup Hearing for H.R.* 5278. Representante Gallego de Arizona. 114th

Cong., 2nd sess., 25 de mayo de 2016. Texto de la enmienda: http://naturalresources.house.gov/uploadedfiles/hr_5278_gall ego_046.pdf.

U.S. Congress. House. Committee on Natural Resources. *Puerto Rico Oversight, Management, and Economic Stability Act: Markup Hearing for H.R. 5278.* Representante Gallego de Arizona. 114th Cong., 2nd sess., 25 de mayo de 2016. Texto de la enmienda: http://naturalresources.house.gov/uploadedfiles/hr_5278_gall ego_045.pdf.

U.S. Congress. House. Committee on Natural Resources. *Puerto Rico Oversight, Management, and Economic Stability Act: Markup Hearing for H.R. 5278.* Representante Hice de Georgia. 114th Cong., 2nd sess., 25 de mayo de 2016. Texto de la enmienda: http://naturalresources.house.gov/uploadedfiles/hr_5278_hice _022.pdf.

U.S. Congress. House. Committee on Natural Resources. *Puerto Rico Oversight, Management, and Economic Stability Act: Markup Hearing for H.R. 5278.* Representante MacArthur de New Jersey. 114th Cong., 2nd sess., 25 de mayo de 2016. Texto de la enmienda: http://naturalresources.house.gov/uploadedfiles /hr_5278_macarthur_050revised.pdf.

U.S. Congress. House. Committee on Natural Resources. *Puerto Rico Oversight, Management, and Economic Stability Act: Markup Hearing for H.R. 5278.* Representante Zinke de Montana. 114th Cong., 2nd sess., 25 de mayo de 2016. Texto de la enmienda: http://naturalresources.house.gov/uploadedfiles/hr_5278_zin ke_1.pdf.

U.S. Congress. House. Committee on Natural Resources. *Puerto Rico Oversight, Management, and Economic Stability Act: Markup*

Hearing for H.R. 5278. Representante Graves de Louisiana. 114th Cong., 2nd sess., 25 de mayo de 2016. Texto de la enmienda: http://naturalresources.house.gov/uploadedfiles /hr_5278_graves_2.pdf.

U.S. Congress. House. Committee on Natural Resources. *Recorded Vote # 7 Favorably Reporting H.R. 5278.* 114th Cong., 2nd sess., 25 de mayo de 2016. http://naturalresources.house.gov /uploadedfiles/rc_vote_7_on_favorably_reporting_hr_5278.pd f.

U.S. Congress. House. Committee on Natural Resources. *Markup Report for H.R. 5278.* House Report 114-602. 114th Cong., 2nd sess., 3 de junio de 2016. https://www.congress.gov /114/crpt/hrpt602/CRPT-114hrpt602-pt1.pdf.

U.S. Congress. House. Committee on Rules. *Puerto Rico Oversight, Management, and Economic Stability Act.* Rules Committee Print 114-57. 114th Cong., 2nd sess., 3 de junio de 2016. http://docs.house.gov/billsthisweek/20160606/CPRT-114-HPRT-RU00-HR5278.pdf.

U.S. Congress. House. Committee on Rules. *Puerto Rico Oversight, Management, and Economic Stability Act.* House Report 114-610. 114th Cong., 2nd sess., 8 de junio de 2016. https://www.congress.gov/114/crpt/hrpt610 /CRPT-114hrpt610.pdf.

U.S. Congress. House. Committee on Rules. *Website for the H.R. 5278.* 114th Cong., 2nd sess. https://rules.house.gov/bill/114/hr-5278.

U.S. Congress. House. *Puerto Rico Oversight, Management, and Economic Stability Act: Hearing for H.R. 5278.* Amendment to Rules Committee Print 114-57 presentada por el señor Bishop de Utah. 114th Cong., 2nd sess., 9 de junio de 2016. http://amendments-rules.house.gov/amendments/BishopRev468162047344734.pdf.

U.S. Congress. House. *Puerto Rico Oversight, Management, and Economic Stability Act: Hearing for H.R. 5278.* Representante Graves de Louisiana, 114th Cong., 2nd sess., 9 de junio de 2016. Texto de la enmienda: http://amendments-rules.house.gov/amendments/GRAVES_062_xml68161359595959.pdf.

U.S. Congress. House. *Puerto Rico Oversight, Management, and Economic Stability Act: Hearing for H.R. 5278.* Representante Jolly de Florida, 114th Cong., 2nd sess., 9 de junio de 2016. Texto de la enmienda: http://amendments-rules.house.gov/amendments/JOLLY_048_xml66161645424542.pdf.

U.S. Congress. House. *Puerto Rico Oversight, Management, and Economic Stability Act: Hearing for H.R. 5278.* Representante Byrne de Alabama, 114th Cong., 2nd sess., 9 de junio de 2016. Texto de la enmienda: http://amendments-rules.house.gov/amendments/BYRNE_041_xml67161228242824.pdf.

U.S. Congress. House. *Puerto Rico Oversight, Management, and Economic Stability Act: Hearing for H.R. 5278.* Representante Byrne de Alabama, 114th Cong., 2nd sess., 9 de junio de 2016. Texto de la enmienda: http://amendments-rules.house.gov/amendments/BYRNE043xml68161231573157.pdf.

U.S. Congress. House. *Puerto Rico Oversight, Management, and Economic Stability Act: Hearing for H.R. 5278.* Representante Duffy de Wisconsin, 114th Cong., 2nd sess., 9 de junio de 2016. Texto de la enmienda: http://amendments-rules.house.gov/amendments/DUFFY_109_xml6716094709479.pdf.

U.S. Congress. House. *Puerto Rico Oversight, Management, and Economic Stability Act: Hearing for H.R. 5278*. Representante Serrano de New York, 114th Cong., 2nd sess., 9 de junio de 2016. Texto de la enmienda: http://amendments-rules.house.gov/amendments/SERRAN_045_xml6816203407347.pdf.

U.S. Congress. House. *Roll Call 288 on passage of H.R. 5278*. 114th Cong., 2nd sess., 9 de junio de 2016. http://clerk.house.gov/evs/2016/roll288.xml

U.S. Congress. Senate. *Puerto Rico Oversight, Management, and Economic Stability Act*. S. 2328. 114th Cong., 2nd sess. https://www.congress.gov/114/bills/s2328/BILLS-114s2328enr.pdf.

U.S. Congress. Senate. *Roll Call 116 on Motion to Concur to House Amendment to S. 2328*. 114th Cong., 2nd sess., 29 de junio de 2016. http://www.senate.gov/legislative/LIS/roll_call_lists/roll_call_vote_cfm.cfm?congress=114&session=2&vote=00116.

Congressional Record. 114th Cong., 2nd sess., Vol. 162 No. 91, H3567. https://www.congress.gov/crec/2016/06/09/CREC-2016-06-09.pdf.

Congressional Record. 114th Cong., 2nd sess., Vol. 162 No. 103, S4565. https://www.congress.gov/crec/2016/06/27/CREC-2016-06-27.pdf.

Congressional Record. 114th Cong., 2nd sess., Vol. 162 No. 105, S4683. https://www.congress.gov/crec/2016/06/29/CREC-2016-06-29.pdf.

U.S. Department of Labor. *Defining and Delimiting the Exemptions for Executive, Administrative, Professional, Outside Sales and Computer Employees*, 29 C.F.R. $ 541 (2016).

https://www.ecfr.gov/cgi-bin/text-idx?tpl=/ecfrbrowse/Title29/29cfr541_main_02.tpl.

U.S. Small Business Administration. *Understanding the HUBZone Program website.* https://www.sba.gov/contracting/government-contracting-programs/hubzone-program/understanding-hubzone-program.

Wuestewald, Eric. "The Long, Expensive History of Defense Rip-Offs." *Mother Jones,* 18 de diciembre de 2013. http://www.motherjones.com/politics/2013/12/defense-military-waste-cost-timeline.

Sobre la Autora

Abogada y contadora pública autorizada (CPA) con sobre 20 años de experiencia en el campo de financiamiento público y municipal, brinda servicios de asesoría a instituciones financieras, inversionistas, grupos de analistas expertos e instituciones gubernamentales sobre el marco legal y regulatorio de la deuda de Puerto Rico.

La licenciada Trigo laboró durante 16 años en el Banco Gubernamental de Fomento para Puerto Rico donde fue Directora del Departamento de Fiscalización y Cumplimiento y Directora Auxiliar de la División Legal.

Posee un Bachillerato en Administración de Empresas y un Juris Doctor de la Universidad de Puerto Rico.

Si interesa recibir un aviso cuando este libro sea actualizado, o cuando se publiquen otros libros, puede suscribirse a su boletín electrónico en www.mtrigo.com.

Si tiene comentarios y reacciones al libro, puede escribirle a promesa@mtrigo.com.